教育の泉
15

「ものの見方・考え方」とは何か

授業力向上の処方箋

北 俊夫

文溪堂

まえがき

初めて訪れる土地を旅するときには、必ず地図を持参します。地図を見ると、その街を概観することができます。行きたい場所が確認でき、いまいるところとの位置関係やおよその距離がわかります。全体を捉えて部分を押さえると、座標が明確になるからでしょうか。なぜか心が安定します。

テレビで歴史番組を視聴することがあります。人物が登場したり事件が起きたりすると、その時期や時代が気になります。人物相互の関係や事件の背景などがわかってくると、関心が高まり、理解が一段と深まっていきます。

スーパーマーケットで買い物をするときには、対象をよく見て、品質や価格、産地などの情報を収集します。選択する際にはさまざまな条件を考慮して決断しています。「ものの見方・考え方」を働かせながら、買いたいものをよく観察し、買い物の目的を果たしています。

こうした身近な事例から、私たちは日常において無意識のうちに、あるいは時には意識しながら、さまざまな「ものの見方・考え方」を働かせながら生活していることがわかります。「ものの見方・考え方」の働かせ方が生活の質を左右していることにも気づきます。

学び手にとって「ものの見方・考え方」は、学びの質を高めるための、いわば学び方としての術《すべ》です。「ものの見方・考え方」を働かせながら学ぶことによって、観察と思考を促し理解を深めることができます。

学び手である子どもを指導する教師にとって「ものの見方・考え方」は、いわば教え方の術です。「見方・考え方」を働かせながら指導することによって、授業の質を高め、子どもたちにより確かな学びを保障することができるようになります。

さらに広義に考えると、「ものの見方・考え方」は生き方の処方箋でもあります。人生をより豊かに生きていくための教えです。「人生訓」としての役割をもっています。

これからの学校教育において「見方・考え方」が重視されていますが、そもそも「見方・考え方」がなぜ求められているのでしょうか。「見方・考え方」をどのように捉えたらよいのでしょうか。「見方・考え方」とは具体的にどのようなことでしょうか。

本書『「ものの見方・考え方」とは何か――授業力向上の処方箋――』は、こうした素朴で基本的な疑問に応えたものです。教師としての資質・能力、とりわけ授業力の向上のために活用していただければ、これ以上の喜びはありません。

終わりになりましたが、出版の機会を与えていただいた、株式会社文溪堂社長水谷泰三氏には心から感謝とお礼を申し上げます。

平成30年7月

北　俊　夫

目　次

2　処理・操作の仕方――17のポイント　56

Ⅰ

「ものの見方・考え方」をどう捉えるか

「ものの見方・考え方」とはどのようなことでしょうか。ここでは、対象や事象を見たり考えたりする際の目のつけどころとして、また、処理・操作する際の方法や手続きとして捉えました。

「ものの見方・考え方」は、子どもに身につけさせたい学び方であり、教師が習得したい教え方として捉えることができます。さらに、社会を主体的に生き抜いていくために必要なものでもあります。

本章では、「ものの見方・考え方」の捉え方を解説していきます。

1　対象を捉える術　――ものの見方・考え方

対象とは、事象や人や社会、自然など、身の回りのもののことを言います。「ものの見方・考え方」とは、これらを見たり考えたりするときに必要になる「道具（術《すべ》）」のことです。こうした道具を持っているかどうかによって、また、その道具をどのように使うかによって、対象に対する理解や認識の内容、判断の仕方が大きく違ってきます。

学習指導要領では各教科の授業において「見方・考え方」を重視しています。国語科では「言葉による見方・考え方」、社会科では「社会的な見方・考え方」、算数科では「数学的な見方・考え方」、理科では「理科の見方・考え方」などと示されており、「見方・考え方」の前につく文言が教科によって違っています。生活科においては「身近な生活に関わる見方・考え方」となっています。「見方・考え方」の捉え方に教科間の統一性が無いように見えます。

ちなみに、社会科における「見方・考え方」とは、社会的事象を見たり考えたりする際の「視点や方法」とされています。視点とは時間、空間、相互関係に着目して見たり考えたりすることを指しています。方法とは、比較、分類・整理、関連付け、総合化など手続きや処理の仕方のことです。ここから、社会科固有の「見方・考え方」と、いずれの教科においても必要とされる汎用的な「見方・考え方」があることに気づきます。

「見方・考え方」には「働かせ」という文言が続いています。生活科だけは「生かし」となっています。各教科等で「見方・考え方」を働かせるのは、指導においては教師であり、学習においては一人一人の子どもです。

学習指導要領に「見方・考え方を働かせ」と示されているのは、教師も子どもも「見方・考え方」を、学習を深めていくための重要な「道具」として捉え、効果的に活用することを求めているものです。道具とは、学びを深める手段であり、武器でもあります。「見方・考え方」を身につけることが目的ではありません。最終的には、「見方・考え方」を働かせながら目標を実現していくことが期待されています。

次に、見方と考え方の違いについて見ていきます。見方とは対象を見る際の方法のことです。英語では **view** または **viewpoint** と言います。**method of viewing** とは言わないようです。また「幅広いものの見方をする」「歴史にはさまざまな見方がある」「○○さんと私は見方が違う」「○○との見方が一般的である」など、見方にはさまざまな使用方法があります。見方には幅の広さや深さとともに、「ある立場からの見方」のように多様な意味内容を含んでいます。

一方、考え方とは、英語で **way of thinking** または **method of thinking** と表します。**way** も **method** も、ともにやり方や方法のことです。ただ後者の method には、筋道とか順序という意味が含まれています。考え方には、考えるときの仕方や方法とともに、考えるときの立場や傾向も含まれています。

厳密には、見方と考え方には違いがあるようですが、本書では「見方・考え方」を一体のものとして捉えることにします。「資質・能力」「基礎・基本」などの用語がありますが、資質と能力、基礎と基本の違いは必ずしも明確にされていません。両者を一体のものとして捉えられています。

本書では、便宜的には、対象に対する目のつけ方としての「見方・考え方」と、情報や事実などを処理・操作する方法としての「見方・考え方」に分けてみました。いずれも、ものを見たり考えたりする際の術のことです。術とは視点や手だて、方法や技能、手段などを言います。

2 子どもを育てる術 ――子どもに身につけさせたい学び方

これまでの学校教育において、教えることと言えば、教科書に示された内容でした。内容知をいかにわかりやすく教えるかということに多くの時間とエネルギーを割いてきました。そのため、教える内容が増えたり、内容が変わったりすると、教え直しや学び直しが必要になりました。

「一匹の魚よりも、魚のとり方を」というフレーズがあります。食料の必要な人に一匹の魚を与えても、その日だけの食べ物にしかなりません。食べてしまえばまた必要になります。しかし、魚のとり方を教えると、必要なときに魚をとることができ、一生の食べ物を与えたことになるという趣旨です。魚のとり方とは新しい知識や技能の学び取り方のことです。このフレーズは学び方を身につけることの重要性を訴えているものです。

変化の激しい社会を生き抜いていくためには、生涯にわたって学び続けることが求められます。その際に必要になるのが学び方です。

わが国においては、方法知を身につけることがアメリカなどと比べて、それほど重視されてこなかったという指摘があります。方法知とは学び方に関する知識のことです。例えば、調べ方やまとめ方、問題解決の方法、レポートの書き方、討論や話し合いの仕方、さらには思考する、判断する、表現するなどの方法です。

「見方・考え方」は学習における学習対象への関わり方のことです。学び方の一つであると言えます。学び方としての「見方・考え方」を身につけさせることによって、子どもたちは一人前の人間として成長していきます。対象をより深く理解し、その後の行動をより確かなものとすることができるからです。

日々の授業において、「見方・考え方」を使って、次のように発言する子どもたちを期待したいものです。

・二つのことを比較して見てみました。すると、違っているところは○○でしたが、○○というところに共通点がありました。

・時期の違う複数の事柄を並べてみたら、変化しているところと変化していないところがあることに気がつきました。

・どの事例を見ても、○○であることに共通点があります。共通点に目をつけると、どの事例を取り上げてもよいことがわかりました。

・分類・整理したら、これまで気がつかなかった○○であることがわかりました。

子どもたちがさまざまな「見方・考え方」を習得し、それを授業の場で働かせることができるようになると、授業の質が高まり、学びが深まりのあるものになります。生活の場で働かすことにより、社会や自然、人々などとの関わりを豊かにします。

いま求められている「見方・考え方」には、子どもたちを育てるための重要な術としての役割があると言えます。

3 教師の授業力を鍛える術 ――教師が習得したい教え方

世の中には、バスや鉄道の運転士、和紙や陶器をつくる伝統工芸士、魚をとったり育てたりする漁師、野菜を育てる農家の人、病人の治療に携わる医師や看護師など、さまざまな職業があります。そこでは、専門的な知識が必要とされるだけでなく、それらを状況に応じて活用する技術が必要になります。このことは、子どもたちに確かな学力を身につけ、一人前の人間として成長させる役割を担っている教師においても例外ではありません。

教師の授業力向上が叫ばれているなかで、授業において「見方・考え方」を働かせ、授業の質を高めていくことは子どもたちだけでなく教師にも求められます。

子どもたちに「見方・考え方」を身につけ、発揮させたいと願っている教師の言葉かけには特色があります。そこには「見方・考え方」を意図した言い方がふんだんに登場します。例えば次のような言葉かけです。

- 写真に写っている人間の表情に目をつけてごらん。どんなことに気づきますか。
- いまの発言は違っているところを言ったんだね。今度は、共通しているところにも目を向けるといいですね。
- ○○さんは形について発言したね。△△君は色に目をつけたね。ほかに着目する観点はないかな。

・これまでのことをひと言でまとめると、どのように表現できますか。つまり、何と言えますか。

・いまの発言は具体的にどういうことですか。例えばどういうことですか。

教師が「見方・考え方」を働かせるとは、子どもの発言を価値づけることであり、方向づけることです。また、一般化したり具体化したりすることでもあります。教師の発する「見方・考え方」には、子どもの学びを深めていく重要な役割があります。

こうした言葉かけが授業においてタイムリーにできるようになるためには、「見方・考え方」とはどのようなものであるのかを教師自身が理解し、「見方・考え方」の内容を授業の場面に即して具体化します。そのうえで、指導目標を実現するために、どこでどのような「見方・考え方」を働かせるのかを計画しておきます。そして何より重要なポイントは、子どもの学習状況をつぶさに観察し、状況を的確に理解することです。確かな子ども理解にもとづいて、「見方・考え方」に関わる言葉をかけます。

このように見てくると、ここでいう「見方・考え方」とは、教師の授業力を鍛える道具であり、「教え方」そのものでもあることがわかります。教師が「見方・考え方」を働かせることはよりよい授業をつくることだと言えます。

教師の授業力向上が課題になっています。授業力を鍛えるにはさまざまな手だてや方法がありますが、その一つに「見方・考え方」に焦点を当ててよりよい授業を考え創造することが考えられます。「見方・考え方」は教師の授業力を鍛える術でもあります。

4 社会を主体的に生きる術 ――人としての生き方

筆者が「見方・考え方」に関心をもつようになったのは、『物の見方考え方』（ＰＨＰ文庫）という一冊の本に出会ってからです。本書は「経営の神様」と言われた松下幸之助氏が著したもので、初版は昭和61年のことです。強いインパクトを受け、何度も読み返しています。

本書から、「調和は固定したものではなく、発展しつつあるもの」、「人を使うものは苦を使う」こと、「百八十度の視野」をもつこと、「水泳の先生から学理（学問上の原理や理論のこと）を習うたって泳がれん」など、印象的な言葉をたくさん学ぶことができました。

また、ものを見たり考えたりするときには「視点」をしっかりもつことが大切であり、そのことによって、状況を誤りなく捉えることができ、より正しい判断と方向性を見定めることができるようになることを知りました。「ものの見方・考え方」いかんによって、対象の把握が変わり、それが状況判断に大きな影響を及ぼします。事実をいかに認識したかということは、その後の対応や行動を方向づけたり決定づけたりします。

「ものの見方・考え方」を習得することは、人やもの、事象や情報など、私たちの周囲に存在するあらゆる対象との接し方や関わり方を考えることでもあります。その意味で、「見方・考え方」は自らの生き方と深く関わっていると言えます。「ものの見方・考え方」の多様な引き出しをもち、それらのなかから必要なものを必要なときに、自らの生き方の指標として活用することによって、周囲のものや事柄をより深く見たり考えたりできるようになります。その結果、人生を豊かに送ることができるようになります。

「ものの見方・考え方」は単なる方法や技術にとどまりません。人としての「生き方」そのものでもあります。

教師は、「見方・考え方」を身につけ、授業において活用することによって、教育指導を充実させることができます。子どもたちの成長を見定めながら、結果として教職に対する誇りと生きがいを感じるようになります。

Ⅱ章に紹介した「ものの見方・考え方」の具体的な術は、筆者自身が日頃仕事をするとき、また生活していくなかで大切にしたいと心がけていることです。その意味で私の「人生訓」でもあります。

Ⅱ

「ものの見方・考え方」の術35

「ものの見方・考え方」を大きく捉えると、対象への目のつけ方（視点）と、事象などの処理・操作の仕方（方法）の二つに分けることができます。

ここでは、合わせて35の術（視点と方法）について、それぞれの捉え方や考え方を示しました。教師としてのあり方や指導のアイデアに触れているものもあります。

1 対象への目のつけ方──18のポイント

❶「狙い」を確認する

テレビや新聞などの報道に接すると、「～に狙いがあるものと見られる」などといったフレーズにたびたび出会います。新しい方針や施策が打ち出されたとき、その背景や意図や目的を明確にするものです。内容のみが強調され、曖昧になることを避けるためです。

ものを受けとめたり、見たり考えたりするとき、それが意図していること、目的にしていることを明確にすることは、対象をより正確に捉えるうえで大切な情報だと言えます。

これまでも学校教育において、習熟度別学習が提唱されました。これには、子ども一人一人の学習状況の程度に応じて、より手厚く指導し、学力をしっかり身につけさせることに狙いがありました。このことが確認されなかったり、忘れてしまったりすると、「初めに習熟度別学習ありき」の指導になり、手段が目的化してしまいます。

言語活動の充実が叫ばれたときも同じです。何のための言語活動の充実なのかを曖昧にしたまま取り入れると、言語活動を取り入れることが目的になってしまいます。言語活動は「思考力、判断力、表現力等をはぐくむ観点から」充実するものです。言語に関する能力を身につけ、その教科の学力をつけることに狙いがあります。

学習指導要領の総則には、「社会に開かれた教育課程」の編成・実施をはじめ、日々の授業において「見方・考え方」を働かせることや「主体的・対話的で深い学び」を実現すること、「カリキュラム・マネジメント」を推進することなどの課題が示されています。これらはすべて学校教育を充実させるための手段や方法です。これら一つ一つについて、「なぜなのか」「何のためなのか」といった「狙い」を確認することが重要です。

子どものさまざまな行動や発言を観察したとき、言動そのものを評価する前に、どうしてそのような言動をとったのか。背景や意図や真意などを捉えたうえで判断したいものです。対象や事象を見るとき、その背景にある「狙い」を確認することは、それらの姿を正しく捉えるための大切な見方だと言えます。

❷ 地理的な目で捉える

「宮崎県と鹿児島県にまたがる霧島連山の硫黄山で火山が噴火しました」と、ニュースが流れました。事件や事故についての報道で必ず登場するのは、それらが発生した場所の「地名」です。対象や事象を捉えるとき、それが「どこで」起こったのか。位置を確認することは基本中の基本です。このことを「地理的な目で捉える」としました。

地理的な目とは、自分のいるところを押さえたうえで、対象とするものの位置を確認します。次に、自分のいるところとの位置関係を捉えます。A地点とB地点の位置関係もあります。これらには､方角や距離が使われます。例えば「硫黄山は鹿児島市の北東の方角にある」「宮崎市の西、約50キロメートルのところだ」などと言い表すことができます。

地理的な目には、分布の傾向を捉えることも含まれます。自動車で地方の一般道路を走っていると、坂を下った土地の最も低い所には、たいてい川が流れています。橋を渡ると、上り坂になりますが、周囲には田んぼが広がっています。さらに土地が高くなると、畑や林が広がっていたり、住宅地になったりしています。土地の使われ方には、地形の様子と連動して、一定の法則性が見られることに気づきます。

ちらばり方や広がり方など分布の傾向性という目で地域を見ると、その地域をより深く捉えることができるようになります。

こうした見方ができるようになるには、地図が必需品です。日常生活において地図は「常備薬」のようなものです。無いと不安になります。

自動車にはカーナビが装備されています。旅行に出かけるときには地図の入っているガイドブックを持参します。スマートフォンで地図を表示します。街には、住居表示街区図をはじめ、鉄道やバスの路線図、観光地のイラストマップ、動物園や遊園地の案内図などさまざまな地図で溢れています。

かつて小学校に子どもが入学すると、祖父母などは地球儀をプレゼントしました。ところが、地球儀を扱っている業者から「最近は、地球儀の販売が落ちている」と聞いたことがあります。日本地図と世界地図が掲示されていない教室もあります。地球儀も置かれていません。地図離れが進んでいるのでしょうか。

地理的な目で対象を捉える能力と習慣を身につけるためには、地図の見方や読み取り方を指導し、地図に慣れ親しむようにすることが大切です。普段の生活や学習において、地図帳や地球儀を活用する機会をつくりたいものです。

❸ 歴史的な目で捉える

対象や事象を歴史的な目で捉えるとは、それが「いつのことか」という、時間的な位置を明確にすることです。

ある出来事を耳にしたとき、それがいつのことなのかがハッキリしないと不安になることがあります。「○○さんが病気になった」という知らせを聞いたとします。「なった」という過去形だけでは、いつ病気になったのか、いまも病気に罹っているのかどうかがわかりません。「○○さんは先週病気になったが、いまでは元気になった」と、「先週」「いま」といった時間に関わる用語が入ると、状況の変化や違いが明確になり、安心感も増してきます。

徳川家康は１６０３年に江戸に幕府を開いたという歴史的事象があります。「江戸に」は前述した、地理的な目（位置や場所）に当たります。

歴史的な目で捉えることには、いつのことかという時期を確認する視点や、いまとの違い、変化や移り変わりなど経過を捉える視点があります。

二つの歴史上の事象を並べ、それぞれの時期が明確になると、今昔や新旧の違いがわかります。また、事象が三つ以上並ぶと、変化や移り変わりが見えてきます。

このことを「明かり」を例に考えてみましょう。江戸時代には行灯や蝋燭を使って周囲を明るくしていました。いまでは蛍光灯やＬＥＤが使われています。ここから、江戸の頃といまとの違いがわかります。両者の間にランプや白熱電球（電灯）を使用していた事象を位置づけると、明かりに使う道具の移り変わりがわかります。

対象や事象を歴史的な目で見る際に役に立つのが年表です。年表には時間軸が示されています。貴族の世の中、江戸時代、西暦１８６８年、明治、80年前、お祖父さんが生まれたころなどさまざまな表記の仕方があります。これによって出来事の時間による順序性（変遷）が明確になります。

農家の人たちは農事ごよみを活用します。これは作業の手順を示したもので、いつ頃、どのような仕事をするのかが指南されています。年表の一つです。

地理的な目で捉えると、位置とともに距離や幅など二次元の広がりを見ることができます。それに加えて、年表を活用しながら歴史的な目で見る習慣を養うことによって、対象や事象を立体的に見たり考えたりすることができるようになります。

❹「不易と流行」の二つの視点で

「不易と流行」という言葉を残したのは、「奥の細道」などで知られる江戸時代の俳人・松尾芭蕉です。『ブリタニカ国際大百科事典』によると、芭蕉の捉える不易とは「表現に新奇な点がなく新古を超越した落ち着きのあるもの」、流行とは「そのときどきの風尚に従って斬新さを発揮したもの」と解説されています。言い換えると、不易とは永遠に変わらない伝統や芸術のこと、流行とは時代とともに変化するもののことです。芭蕉の主張は、不易と流行は相反するものではなく、根源は同じであるとする考えを説いたものです。

近年では、変えてはならないことと変えなければならないことの二つを両立させることの大切さを説くときに、「不易と流行」という用語が使われています。不易には伝統や保守を、流行には創造や改革をそれぞれ重視するイメージがあります。流行のみに走ることにブレーキをかけたり、不易だけにこだわっていることを戒めたりする際の警鐘語として使われているようです。バランスをとることの大切さを説くときにしばしば使用されています。

私たちは、冒険心があるときや改革を求めるときには、どうしても動いているものに目がいきがちです。目新しいものに関心をもちがちです。一方、古くからのものを大切にしたいときや安定を求めるときには、これまでと同じことを期待しがちです。心情や行動が保守的になりがちです。

「不易と流行」には、ものに対する見方・考え方を指摘しているだけでなく、物事に対する判断や行為が含まれていますから、結果は人としてのあり方や生き方に投影されます。

大きく変えることを望むときには、流行の視点を強調し、それほど変えたくないときには不易の大切さを力説します。二項対立や二者択一ではなく、不易と流行の視点から多角的に見たり考えたり、あるいは判断し行動したりすることが、芭蕉の説いた理念ではないかと考えます。

学校は社会のなかに存在していますから、社会の動きをもろに受ける立場にあります。不易にこだわっていると、新しい事態に対応できず、社会から取り残されてしまう心配があります。流行を追いすぎると、変化に振り回され、社会のなかで右往左往したり学校の役割が曖昧になったりします。

「不易と流行」の精神を、日常生活においてものを見たり考えたりする際の視点として身につけ、確かな判断と行動に生かしたいものです。

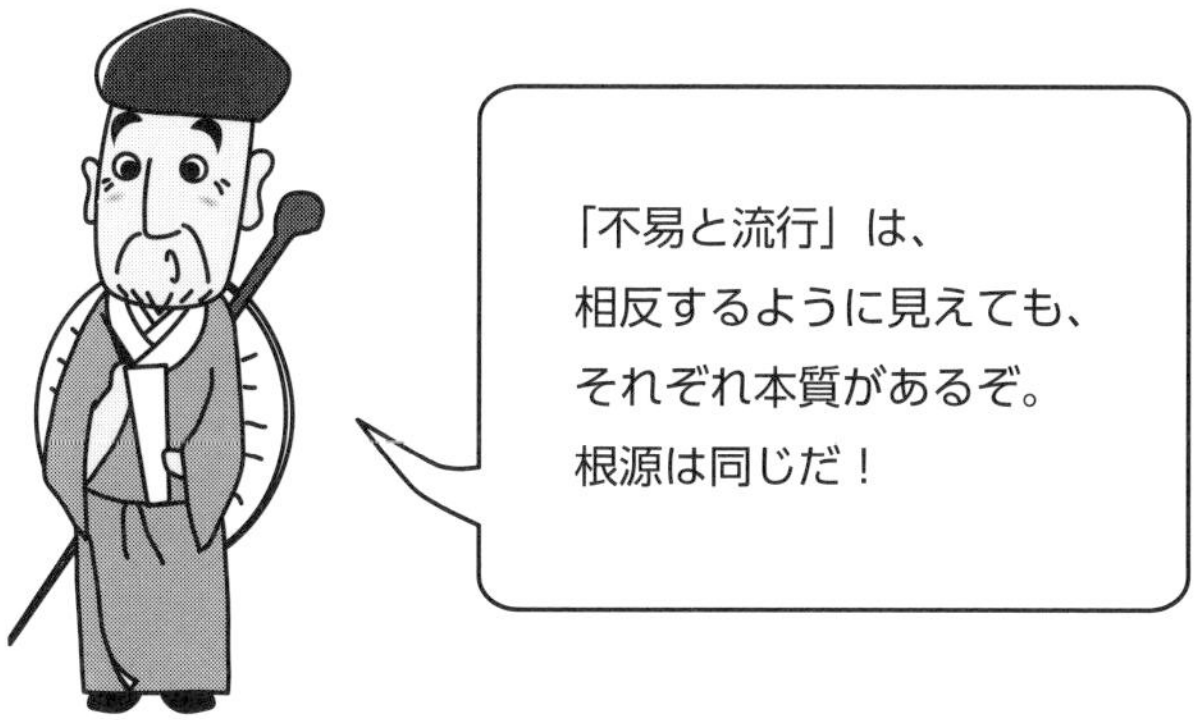
「不易と流行」は、
相反するように見えても、
それぞれ本質があるぞ。
根源は同じだ！

❺「木を見て森を見ず」にならないよう

森は多くの木から構成されています。「木を見て森を見ず」とは、一本一本の木に関心が奪われて、それらの木が構成している森全体を見失うことを言います。

私たちは、とかく目先の細かなところに目がいきがちです。そのため、全体像を見失い、部分と全体との関係性を捉えることが曖昧になることがあります。もちろん、森という全体像だけでも、対象の見方としては不十分です。

このことを日常の仕事と結びつけて、具体的に考えます。

研究授業が割り当てられると、授業者はどうしても研究会当日に公開する授業をどのように展開するかに関心を集中させます。多くの時間と労力を割きます。しかし、授業はその時間だけが独立して存在し、展開されるものではありません。前時の学習との関わりのなかで展開され、次時に引き継がれていきます。

木とは「一単位時間の授業」のこと、森とは「単元全体」のことです。「木を見て森を見ず」にならないようにするとは、一単位時間の授業を計画するとき、単元全体をどのように展開するのか。本時は単元のどこにどのように位置づいているのかを明確にします。まずは、森に当たる単元全体を構想する力が求められます。

子どもたちが地域の工場を見学するときのことです。子どもたちは工場で原材料や部品や機械に目を向けます。働いている人の手や服装に関心をもつ子どももいます。個々の具体的な事実を捉えることは重要ですが、合わせて工場に対する総合的なイメージをもたせることが大切です。

工場には、大きく分類すると、部品を組み立てて製品をつくる工場と原材料を加工して製品をつくる工場の二つがあります。細部のことだけを見て見学を終えるのではなく、工場での生産活動の全体像を捉えさせることがポイントです。

「木を見て森を見ず」にならないようにすることは、工場見学といった子どもたちの学習活動においても、対象を的確に捉える大事な視点です。

ものを見たり考えたりするときには、対象全体の姿を捉えたうえで、あるいは全体像を捉えつつ、個々の具体的な事実を確認するようにします。

「森を見て木を見ること」
「木を見て森を見ること」

⇩

全体 ⇄ 部分

❻ 固有性は何か ――「ならでは」「こそ」の発見

固有性とは、その対象だけがもつ固有の性質のことで、ある対象や事象に備わっている独自性をいいます。属性に近い概念です。平たく言えば、その対象「ならでは」のことです。その対象で「こそ」言えることです。

固有性の対照にある言葉は「共通性」です。固有性と共通性は「こそ」と「でも」の対で語られることがあります。共通性とは何かについては次節で解説します。

対象を捉えるとき、固有性に目をつけることによって、対象の特色や独自性が浮きぼりになってきます。

人間とウマやサルはともに哺乳類ですが、人間には言語があり、火を使うという固有な属性があります。動物と植物はともに生き物ですが、動物には生活する場を移動できるという特徴があります。

学校も学習塾もともに勉強する場です。学校には学習塾には見られないことがいくつもあります。例えば、友だちと学ぶ、遊ぶ、掃除をする、給食を食べるなど集団活動が重視されていることです。これらは学校ならではの活動です。学校のもつ固有性を明確にすることにより、学校の役割を一層浮きだたせることができます。

総合的な学習の時間などで世界の国々の暮らしを学ぶ機会があります。例えば、アメリカや中国、韓国、サウジアラビア、オーストラリアなどの国々を取り上げ、衣食住や娯楽、仕事、学校生活などの様子を調べたり調査したりします。そこでは生活習慣や食生活、宗教など国や地域による違いに目がいきます。違いはその国や地域のもつ固有な文化でもあります。

違いを優劣で見たり、善悪で判断したりすることは正しい見方・考え方ではありません。違いを認め合い、違いから学び合う姿勢が求められます。固有性を見いだす力を身につけることは、互いを受け入れる広いふところをもつことであり、多様な文化をもつ人たちとともに生きる資質・能力を養うために大切なことです。

近年、文化を違いとして理解すること（異文化理解）にとどまらず、多様な文化として理解し、共生していく視点（多文化共生）が重視されています。

・人間とサルの違いは？
・人間とウマの違いは？
・動物と植物の違いは？
↓
固有性は特色でもある

❼ 共通性は何か ――「にも」「でも」の発見

ここでいう共通性には、いずれの対象や事象にも通ずるもの、当てはまるものという意味のほかに、いずれの事象の基盤になっているもの、さらにいずれの事象も貫いているものという意味があります。共通性という概念は固有性との関係性のなかで捉えると、より深く理解することができます。

まず、いずれの事象にも通ずるとはどういうことかを考えます。社会科の教材で、社会のライフラインについて学ぶ際に、飲料水、電気、ガスのなかからいずれかを選択して取り上げることができるようになっています。飲料水、電気、ガスを供給する方法はそれぞれ違うにも関わらず選択することができるのは、「安全で安定的に供給できるよう進められている」という、共通性に着目させるという狙いがあります。「安全性と安定性」がマスター・キーに当たります。こうした見方は飲料水、電気、ガスのいずれの事象にも当てはまります。

次に、いずれの事象の基盤になっているという意味についてです。このことを学習指導要領の構造から考えます。学習指導要領は、総則と各教科等から構成されています。家のつくりに例えると、各教科等が一本一本の柱に当たります。屋根はすべての柱とつながり、すべての柱を支えています。このことは、屋根に当たる総則には、すべての教科等に共通する課題が示されていることを意味しています。当該教科の学習指導要領を理解することは必要ですが、それだけでは十分な授業にはなりません。柱だけでは家にならないからです。屋根（総則：━）と柱（当該の教科等：┃）を合体させるとアルファベットのTになります。T字型の読み取りはあらゆる場面で必要となる見方・考え方です。

最後に、貫いているという趣旨の共通性について、串団子を例に考えます。串団子は、白・緑・赤など色の違った団子を一本の竹串で通した食べ物です。見た目の違いは色に象徴されます。味も多少違うかもしれません。ところが、主としてもち米を材料にしていることは共通しています。また、白・緑・赤の団子はいずれも一本の竹串に刺されています。串はいずれの団子も貫いています。一本の串によって一つの食べ物として存在しています。串がなければ個々の団子はバラバラになり、串団子としての体を成しません。

多様な事象に見られる「一本の串」を見いだすことは、事象の本質や実像を捉えるための重要なものの見方・考え方だと言えます。

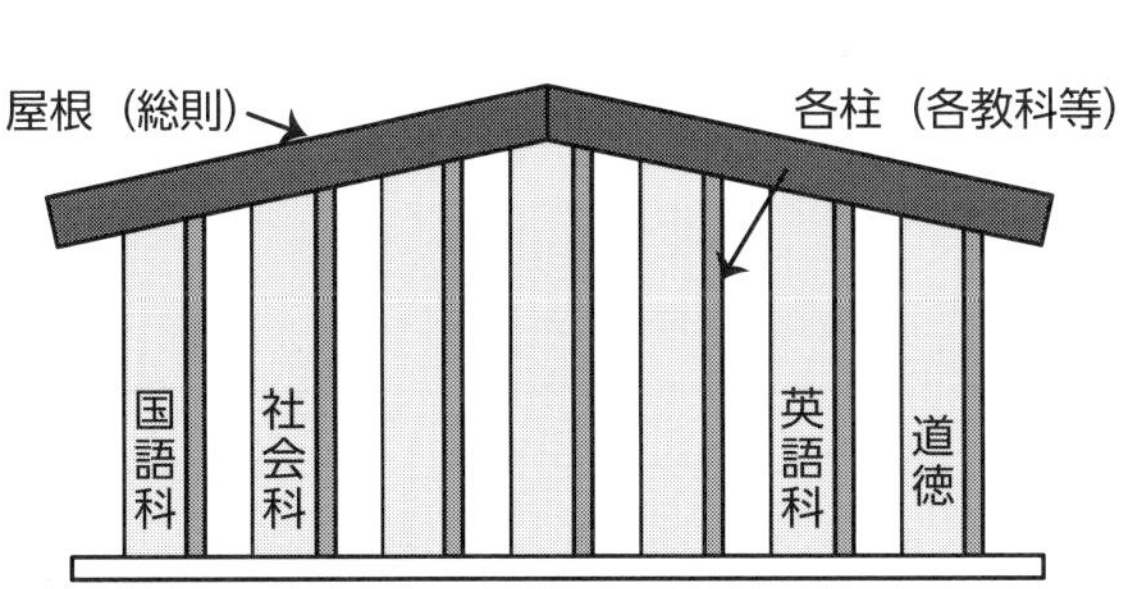
屋根（総則）
各柱（各教科等）
国語科
社会科
英語科
道徳

❽ 変化するものとして ——流動性を意識して

「行く川の流れは絶えずして、しかも、もとの水にあらず。よどみに浮かぶうたかたは、かつ消え、かつ結びて、久しくとどまりたる例《ためし》なし。世の中にある、人と栖《すみか》と、またかくのごとし」

これは、鎌倉時代の歌人であり、随筆家であった鴨長明が著した『方丈記』の書き出しの一文です。あまりにも広く知られています。これは、「久しくとどまりたる例なし（長い間、そのままの状況や状態でとどまっていることはない）」と述べているように、人と住家の無常をテーマにしたものです。

ものを見たり考えたりするとき、ともするとその状態を絶対のものとして捉えがちです。不動のもの、静的なものと受けとめがちです。この一文は、このことに対して警鐘を鳴らしているようにも思われます。

学習の対象のなかには、時間が経つと変わっていくものがあります。長い間、同じ状態でとどまっていることは稀です。場所が変わると、違ってしまうものもあります。所変われば品変わると言われてきました。特に社会の事象や自然現象を対象にしている社会科や理科などの教科ではこうした傾向が顕著に見られます。

かつて、ソビエト連邦に関する学習では、農業がソホーズ、コルホーズという組織で営まれていることを教えていました。ところが、いまでは、ソビエト連邦がロシア連邦に変わり、農業経営の形態も大きく変わってしまいました。過去の知識になってしまいました。

日ごろから対象や事象を見たり聞いたりするとき、「その状態はいつまでもそのままではない。変化するものだ」ということを前提に受けとめることが大切です。事態は常に流動的であるということです。このことは、時間が経つと、事態が変化し、それに対する見方・考え方も変わり、判断の仕方も変わる可能性があるということです。

変わりうることを前提に流動的なものとして見たり考えたりさせるとき、合わせてどのような知識を習得・獲得させるのかが課題になります。ある事象に関する個別具体的な知識は時間が経つと、死蔵されてしまう可能性があり、将来に生きて働く知識にはなりえないからです。

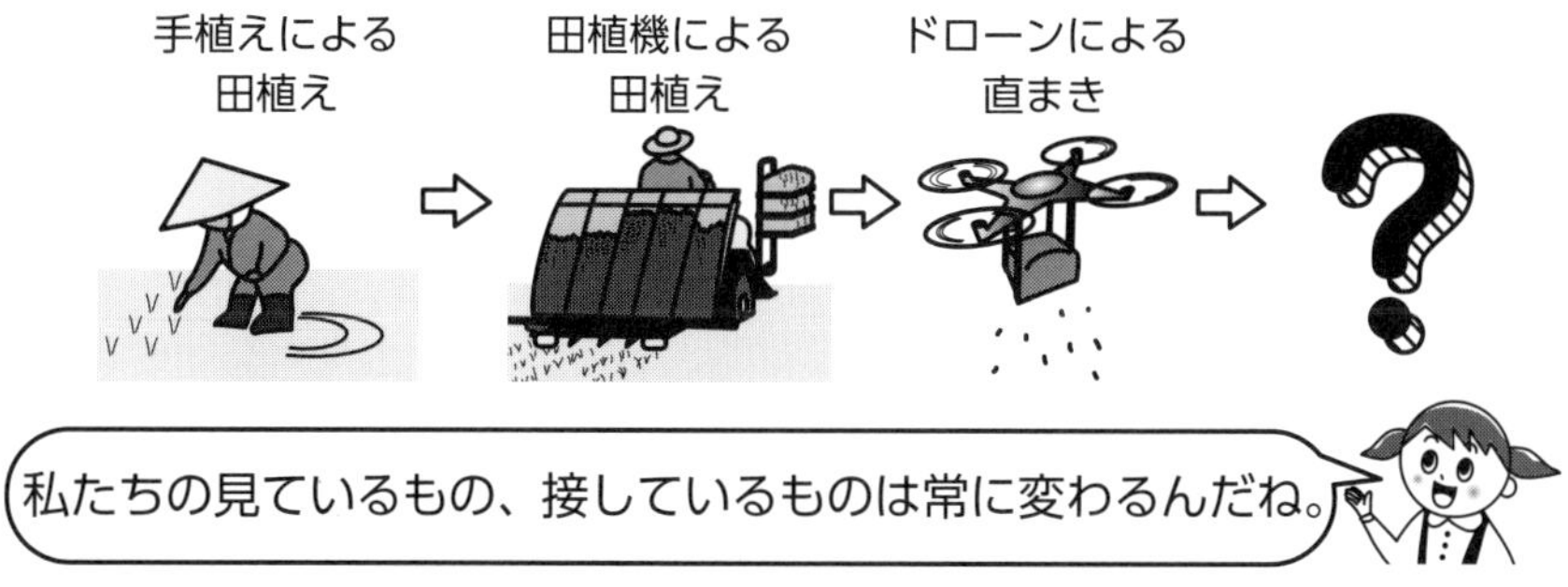
手植えによる
田植え
田植機による
田植え
ドローンによる
直まき
私たちの見ているもの、接しているものは常に変わるんだね。

❾ 限定する ——限界性を意識して

文章や話などと比べて、写真や映像は、受け手に対して強い印象を与えます。特に未知なるものや経験していないことに対してはより強いインパクトを与えます。

かつて、次のような経験をしたことがあります。アフリカのモロッコで撮ったという数枚の写真を見たときのことです。砂漠のイメージと言えば、それまでは加藤まさをの作詞した「月の沙漠」の童謡ぐらいでした。写真を見ると、砂漠の色は灰色だとの思い込みは一瞬に吹っ飛びました。赤茶色の広々とした砂漠地帯が写っていたからです。写真には、ラクダで人やものを運ぶ様子も写っていました。モロッコは砂漠の国だというイメージが刷り込まれていきました。たった数枚の写真からです。

後日、実際にモロッコを訪ねてみると、写真と同様な風景を見ることができました。それだけでなく、都市には住宅地が広がり、オリーブの農業地帯が形成されていました。現地を見ると、「砂漠の国」という偏った先入観は簡単に崩れてしまいました。

それだけではありません。当初、「砂漠」とは文字通り砂によってつくられたところ（砂原）と受けとめていました。砂漠以外の荒野は視野にありませんでした。ところが、砂のほかにも、土によるもの（土漠）や岩によるもの（岩漠）があることを目の当たりにしました。

私たちはとかく、一部のものを切り取って全体を推し量ったり、限定されたものをもとに全体を決めつけたりしがちです。ときには先入観をいだいてしまうこともあります。毎日の学習や生活において、「すべて」をもとにすることは不可能です。あくまでも知りえた範囲での見方・考え方であり、判断の仕方です。

授業において「調べたことから考えられることは○○○○です」「実験したことから言えることは○○○○だということです」といった発言を聞くことがあります。これらは限定したものの言い方です。限界性を意識した見方・考え方は、対象を正しく捉えるための重要な視点だと言えます。これは具体をもとに一般化するときの留意事項であります。

このことは生徒指導でも言えることです。子どもたちが教室内でボール遊びをするなどよくない行為をしたときに、行為そのものに対して注意します。全人格を否定してしまうことがないように指導したいものです。

「限定して」という限界性を意識した見方・考え方は、子どもたちを指導するときにも生かしたい視点です。

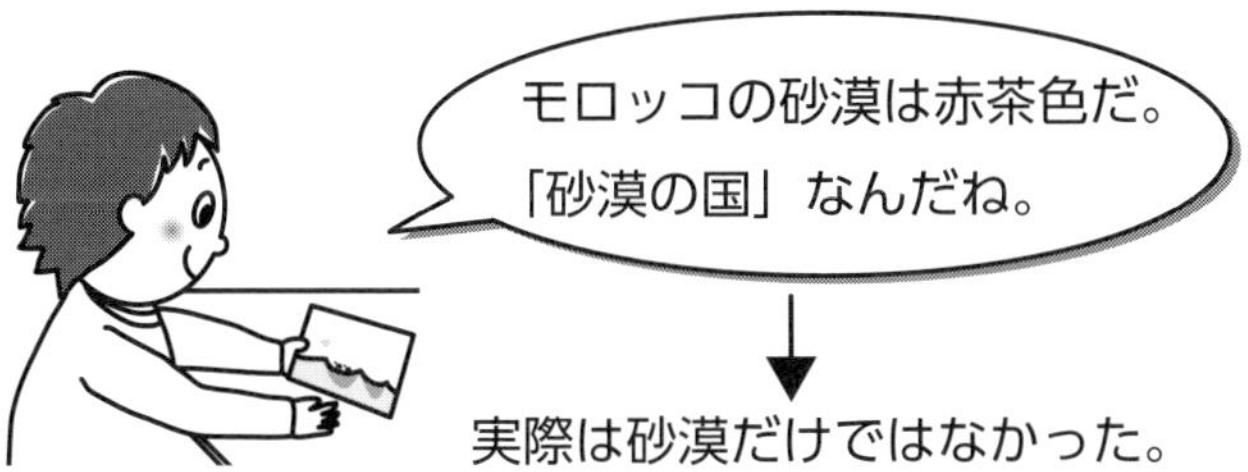
モロッコの砂漠は赤茶色だ。
「砂漠の国」なんだね。
実際は砂漠だけではなかった。

⑩ メリットとデメリットを

「痘痕《あばた》も靨面《えくぼ》」という慣用句があります。好きになってしまうと、相手の欠点まで好ましく見えてくるという意味です。対象や事象を見るとき、好意があるものに対してはバイアスをかけて良い評価をしようとします。逆に、印象の良くないものに対しては、悪いところに目がいきがちです。

対象や事象を価値づけたり方向づけたりするとき、重要な作業はメリットとデメリットという基準による対象の分析です。メリットとはその事象のもつ利点や価値のことです。一方デメリットとは欠点や短所です。相反するものさしで見ることにより、事象を複眼的に捉えることができるようになります。そこでの情報は、貴重な判断材料になります。

具体的に考えます。二十数年前のことです。当時、小学校の歴史学習に対して、「薄墨論」や、小学校と中学校の重複が課題になっていました。わが国では、歴史を小学校でも中学校でも同じように学んでいます。小学校での歴史学習は中学校の内容を薄めて、同じようなことを教えているからです。そのため、ヨーロッパの諸国のように、国の歴史を小学校と中学校をとおして一度だけ学ぶというのはどうかというのです。

この課題に対して、小学校では戦国時代まで、中学校では江戸時代から教えることを想定して、日本の歴史を一度だけ教えることのメリットとデメリットをそれぞれ整理したことがあります。

そこでは、小学校ではゆとりをもって人物の働きを中心とした学習が展開できること、中学校では近現代史をより丁寧に指導できることがメリットであるとされました。一方で、小学校で近現代史について学ばないことに異論が出ないかということや、小学校の教員は必ずしも歴史の専門家ではないことが小学校のデメリットとして出されました。また、中学校では小学校とどう接続するかが課題とされました。

ある事象のメリットとデメリットを明らかにすることは、情報収集・整理の手段です。メリットとデメリットは、その後選択・決定する際の重要な視点です。

メリットとデメリットを表に整理すると、判断の材料が得られるよ。
観点
メリット
デメリット

⑪「５Ｗ１Ｈ」のはてな（？）をもって

次は、桜の花の咲き具合についての文章です。

「4月に入り、○○公園のソメイヨシノの桜が急に咲き始め、開花してからわずか3日で満開になりました。満開になったのは、昨年と比べて一週間も早いそうです。これは、今年の冬が特に寒かったことと暖かい日が続いたことが影響しているためと思われます。」

この文章から桜の花が予想以上に早く咲いた様子が伝わってきます。

事象や対象の状況を深く捉えるには、多面的、多角的に捉えることが大切です。その際、さまざまな疑問詞で状況を読み解きます。新聞記者がニュースを伝えるとき、「５Ｗ１Ｈ」の視点から事実を丁寧に確認するということを聞いたことがあります。

５Ｗ１Ｈとは、**When**（いつ）、**Where**（どこで）、**Who**（誰が）、**What**（何が、何を）、**Why**（なぜ）、それに**How**（どのように）です。**Which**（どちらか）という疑問詞もあります。

改めて先の文章を読んでみると、これらの疑問詞に相当する情報がほとんど含まれていることがわかります。状況を「５Ｗ１Ｈ」の視点から把握することによって、状況の事実認識が正しくできます。それらの視点で文章を書くことによって、状況をわかりやすく伝えることができます。

社会を主体的に生きていくために求められている能力に「問題解決能力」があります。学校教育で問題解決的な学習を充実させ、子どもたちの問題解決能力を育てるためには、まず学習の「問題」を見いだす必要があります。問題を意識することなく、問題解決的な学習活動は展開していきません。問題とは「はてな（？）」であり、その文には必ず疑問詞が含まれます。

「５Ｗ１Ｈ」の「はてな」をもって見たり聞いたり、さらに考えたりするとは、疑問の視点（これを「問い」と言います）をもって対象に問いかけていくことです。常に「はてな」をもって取り組んでいる子どもは、見方・考え方を豊かに身につけていると言えます。

　子どもは、未知なる対象に出会うと、「どうして？」「なぜなの？」と疑問をつぶやくものです。「はてな」の発見名人を育て続けたいものです。

どこでのことなの？
いつのことかな？
誰が関わったのか？
何が起きたのか？
それでどうなったの？

⑫ 構成要素に注目する

ここでいう構成要素とは、その対象や事象を構成している、あるいは形づくっている要素のことです。対象や事象を構成している要素に注目して見ると、その実像を深く捉えることができるようになります。ただ漫然と見るだけでは、内実を理解することはできません。

「栄養」という言葉があります。生き物が生命を維持し活動するために体外から必要な物質を取り入れる働きや成分（栄養素）のことを言います。人間の場合、必要な栄養素には、炭水化物、脂質、たんぱく質、無機質（ミネラル）、ビタミンがあり、「五大栄養素」と言われています。それぞれの栄養素が含まれている食品を食することによって、栄養が確保できます。健康な体を維持・向上させるためには、栄養を構成する要素をバランスよくする摂取することが重要になります。

学習指導要領では「資質・能力」を育成することを重視しています。これらを子どもたちに指導し身につけさせるためには「資質・能力とは何か」を押さえる必要があります。資質・能力とは、知識・技能、思考力・判断力・表現力、それに学びに向かう力・人間性のことで、これらは「三つの柱」と言われています。学校教育法（第30条）では、学力を構成する要素を規定しています。「基礎的な知識及び技能」、「思考力、判断力、表現力その他の能力」、それに「主体的に学習に取り組む態度」の三つです。

構成要素を比べて見ると、資質・能力と学力とは同一のものではないことがわかります。学力には、人間性といった内心や心情に関わる内容は含まれていません。資質・能力は学力を含めたより大きな概念であることに気づきます。

学習指導要領は、目次にもあるように、総則、各教科、特別の教科 道徳、外国語活動、総合的な学習の時間、それに特別活動から構成されています。これらは教育課程の構成要素であり、枠組みでもあります。学習指導要領の「前文」に示された「社会に開かれた教育課程」を編成・実施するという課題に応えるためには、学習指導要領の全体を視野に入れた取り組みが求められます。

このように、構成している要素は何かという視点は対象や事例を見る際に重要な役割をもっています。構成要素を明らかにすることによって、その内容や構造を捉えることができます。対処の方法を考える材料を得ることができます。

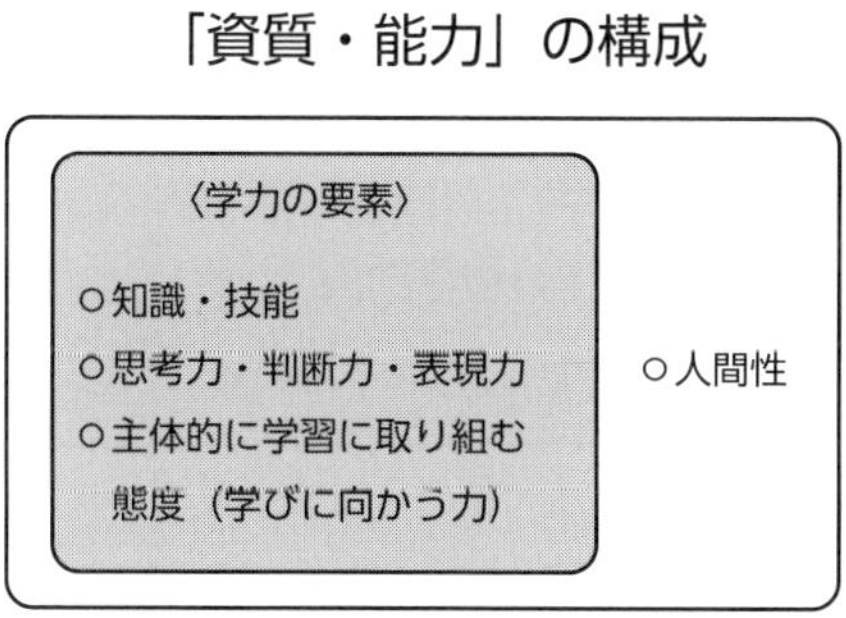

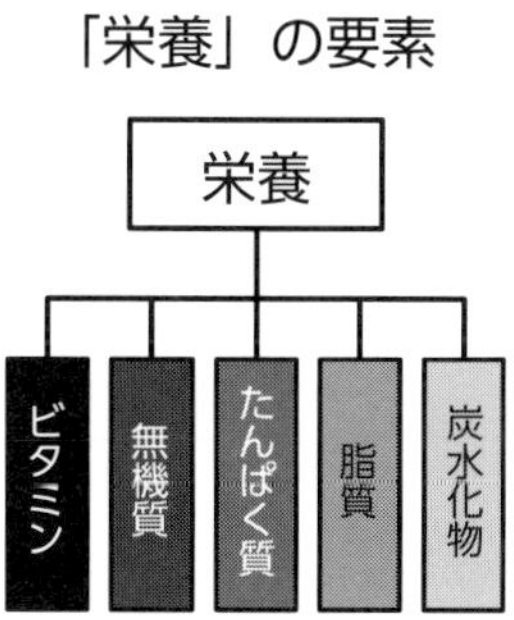

⓭ 結果を予測する ——仮説を立てる

問題解決的な学習において、例えば社会科では、学習問題を解決する活動に先立って、学習問題に対して予想させせています。理科では、実験や観察をして確かめる前に、仮説を立てさせています。校内研究においても、研究主題や取り組む課題に対して予め仮説を立て、それを実践を通して立証するという手順がとられています。

これらはすべて結果を予め予測しているもので、このことによって、今後の取り組みに対して意欲を高め、追究すべき課題を明確にすることができます。問題や疑問に気づくだけでは、意欲が高まらず、問題解決の見通しがもてません。

意外性のある事象や事実と出会うと、誰でも「どうしてだろうか」と問題や疑問をもちます。その人にとって問題や疑問が強烈であればあるほど、予想したり予測したりする思考が自然な状態で促されます。問題解決に向かってエネルギーを醸成します。

かつて、次のような体験をしました。

畠山重篤さんは、宮城県の気仙沼湾でカキの養殖に取り組んでいる漁師さんです。畠山さんは、内陸にある室根山に行って、子どもたちと一緒に若木の植林をしています。この事実を初めて知ったとき、私は「海で働いている漁師さんがどうして遠く離れた室根山にまで行って木を植えているのだろうか」と疑問をもちました。と同時に、「たぶん、室根村に知り合いの人がいるから、頼まれて行っているのではないか」「他に理由があるとすれば、山と海を結びつけている大川に秘密があるかもしれないな」などとすでに予想していました。予想を確かめたい。本当のところを知りたいという気持ちは、私に書店への行動を誘発しました。畠山さんが執筆した『森は海の恋人』（北斗出版）という一冊の本を手にし、畠山さんの環境保全に対する熱い思いを知ることになります。

対象や事象の問題や課題に対して結果を予測するという見方・考え方には、予測したことを確かめよう、立証しようとする意欲を高め、追究内容を具体化する役割があります。さらに、その後の主体的な行動を促すという、活動の持続性や発展性を備えています。

日常の学習指導においても、実験、実習、調査など実際に検証する活動に先立って、予想する、予測する、仮説を立てる、想像する、仮定する、推測するなどの思考する活動を組み入れることを重視したいものです。

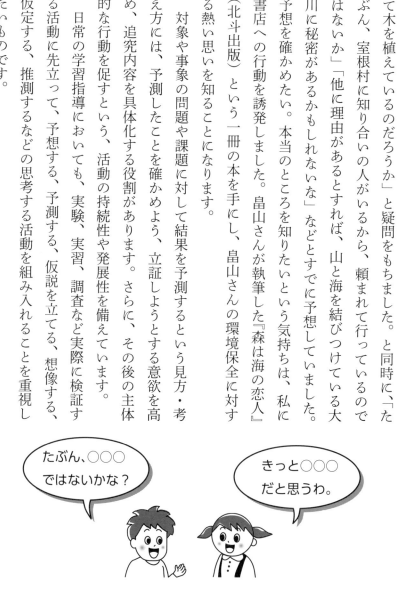

⓮ 概観（俯瞰）する ――トンビの目で

トンビは鳶と書き、トビとも言います。三橋美智也が歌った「夕焼けとんび」の歌詞に「とんびがくるりと輪を描いた」とあります。トンビは市街地や海岸の近くを空高く飛び、地上の様子を広く観察しながら、小動物やそれらの死骸を狙っています。いきなり地上に下りて餌を探すことはしません。ここでいう「概観（俯瞰）する」とは、このトンビの行動パターンに学ぶということです。

私たちは見知らぬ街に初めて行ったとき、まず地図を広げて全体の様子を捉えます。高いところに上って街の様子を俯瞰します。これによって、街の広さや特色、傾向など全体のイメージをもつことができます。そのうえで、ポイントを絞って、その地を実際に訪ねます。

社会科の授業で、「稲作の盛んな地域」を学びます。具体的には、山形県の庄内平野や新潟県の越後平野などが取り上げられます。わが国の食料生産の現状を学ぶ場面であるにも関わらず、具体的な事例地を学ぶようになっているのは、学習が具体的に展開できるようにするという趣旨によるものです。ただ、事例地そのものの学習で終わっては、その地域の理解にとどまり、わが国の農業を学んだことにはなりません。

ここで重要な配慮は、まずわが国の稲作の盛んな地域を概観することです。具体的には、米の生産量の多い都道府県を白地図に表す作業を行ったり、日本地図で稲作の盛んな地域を確認したりするなど「面」として学習します。そのうえで「点」としての事例地を選択します。事例地の学習に入るまえに、まずは概観することがポイントです。

トンビの目で全体を概観するために重要な資料は統計や地図です。その地域を広く捉えることができる俯瞰図や鳥瞰図、航空写真なども効果的です。

私たちは、ややもすると細部や部分にのみ目を向けて見たり考えたりする傾向があります。そのため、それが全体のどこにどう位置しているのかを見失うことがあります。概観するとは、対象を面として広く捉えることです。トンビの目とは、対象や現象の全体像を巨視的に捉えることを意味しています。なお、巨視的の対義語は微視的です。

経済用語に巨視的分析（マクロ分析）があります。全体のレベルで状況を検討するという意味では、概観する見方と同義語です。

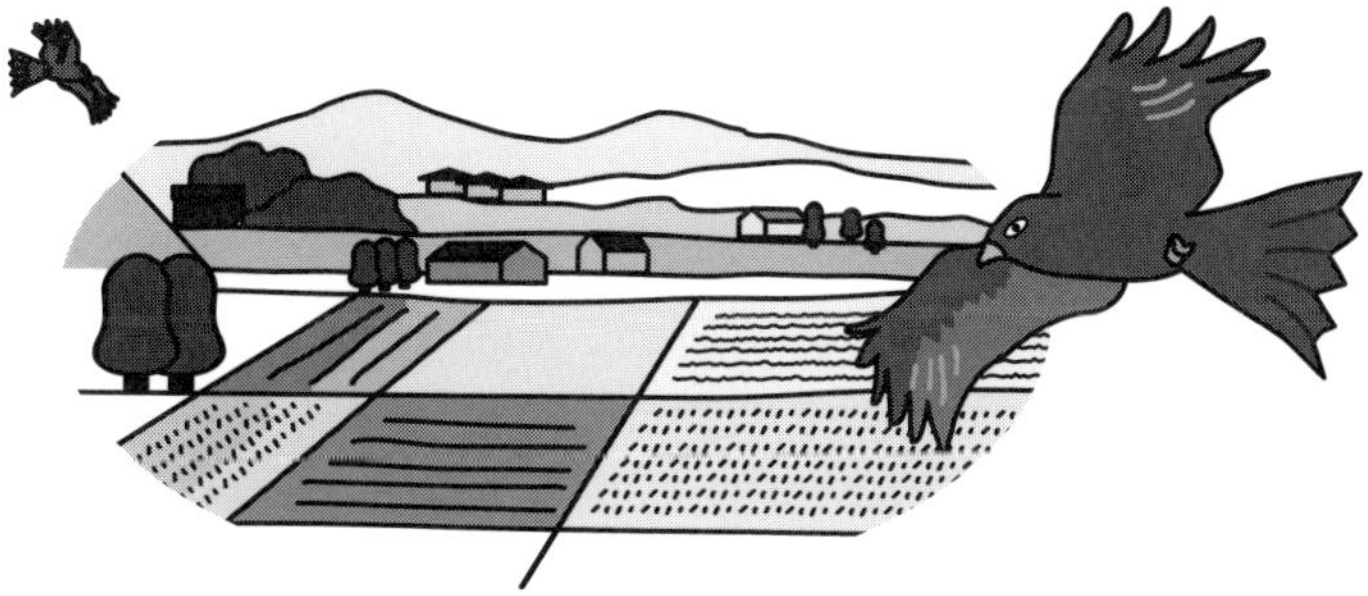

⑮ 微視的に ――アリの目で

トンビの目に対比する言い方としてアリの目があります。アリは小さな生き物です。地上を激しく動き回り、食べものをあさっています。「蟻の穴から堤も崩れる」「蟻の這い出る隙も無い」などのように、小さなアリの役割を比喩的に強調している慣用句もあります。

アリの目で見たり考えたりするとは、対象を微細に観察したり捉えたりすることです。分析的とほぼ同意語です。巨視的、概観的な見方・考え方とは反対語です。

ある先生は、生活科の授業でアサガオを育てていた子どもたちに、アリさんになったつもりで細かく観察するよう日頃から指導してきました。すると、子どもたちから次のような発言が出されたといいます。

「子葉とそのあとに出てきた葉とは形が違うんだね」「葉には小さな毛のようなものが生えているよ」「アサガオのつるが棒にヘビのように巻きついているよ」「種を包んでいた皮が茶色くなって、乾いてきたよ」など。

いずれも、アサガオが成長している様子を言い表したものです。細かなところに目をつけていることがわかります。しかも、それぞれにその子どもらしさがあります。

アリの目で微視的に見ることは、観察する力を育て、事実の認識力を養うことにつながります。確かな事実認識は対象に対する豊かな見方・考え方の土台になります。

学校で子どもたちの学習状況を評価するとき、観点別評価を基本にしています。観点は指導要録や通知表などに示されており、わが国において伝統的な評価方法になっています。観点別評価はまず予め設定された観点から子どもの学習状況を分析的に評価することです。ただ漫然と評価するのではありません。一単位時間ごとの評価結果を積み上げて単元ごとの評定を行い、それらの結果を総括して、学期や学年の評定につなげていく仕組みになっています。一単位時間においては子ども一人一人の学習状況を観察し、指導と一体になった評価が行われています。これは日常における微視的な評価と言えます。

生活や学習場面において、対象を微視的に捉えることは日常的に行われ、その結果は全体を把握するために生かされています。

トンビの目で見たこととアリの目で見たことは相互に生かされ、一体化されることによって、対象をより深く理解することができるようになります。

⑯ 多面的・多角的に　――トンボの目で

トンボは大きな複眼をもっています。目をぎょろぎょろしながら周りの様子を観察し、飛び回っている様子を見ることがあります。一対になった眼で物の大きさや形や動きをつぶさに観察し判断しています。

トンボの目で見るとは、事象や物事を二つ以上のさまざまな視点から多面的・多角的に見たり考えたりすることを比喩的に言い表したものです。多面的と多角的は、いずれも多くの方面にわたってという趣旨ですから、両者に大きな違いはありません。複眼的に見たり考えたりするということです。

私たちはこれから一緒に仕事をする人と初めて会ったとき、その人がどのような人なのかを理解しようと努めます。まず、表情や立ち振るまい、話し方などを観察します。また、相手の心情には十分配慮しながら、例えば、「趣味はどのようなことですか」「スポーツは何かやっていますか」「休日はどのように過ごしていますか」などさまざまな角度から質問し、その人の人物像を総合的に捉えようと努力します。複数の人で観察、面談し、それぞれの結果を出し合うと、より確かな人物像を把握することができるようになります。

また、六面がすべて長方形をした直方体の形や大きさを認識するとき、その物体を角度を変えて正面から、真上から、そして側面から見ることによって、その実像を正しく認識することができます。

多面的・多角的の対義語（反対語）は一面的です。一面的とは、ものの見方・考え方が一つの方向や立場に片寄っていることです。通常あまりよい意味では使われていません。

一人の教師が子どもたちを指導するとき、どうしてもその教師の考え方が全面に出ますから、その教師との相性がよい子どももいれば、そうでない子どももいます。その点、ティームティーチング（複数教師による指導）という方法を取り入れることによって、複眼的な指導と評価ができるようになります。多様な視点から一人一人をより深く理解し、よさを生かすことができるようになります。

トンボの目で見るとは、子どもに対して理解を深め、よりきめ細かい指導を行うことができるようにするためにも生かしたい視点です。一人の子どもをみんなで見守ることは、子どもたちがたくさんのトンボに囲まれることです。

⑰ これまでを見て、これからを考える

これは時間軸に関わる見方・考え方です。ここには「これから」を考える際のポイントが示されています。「これから」のことは、「これまで」を振り返ることによって明らかにすることができるというものです。

故事に「温故知新」があります。これは、孔子の言葉にある「故《ふる》きを温《たず》ねて、新しきを知らば、以《もっ》て師と為《な》るべし」にもとづくとされています。これは、過ぎ去った昔のことを学ぶことにより、そこから新しい考え方や見解、知識を得ることができることを説いているものです。また、過去のことを研究することによって、現在の新しい事態に対処する方法を知ることができるという趣旨もあります。

学校の危機管理が話題になっています。危機管理では危機的な状況が発生したときの対応の仕方が問われますが、できれば危機的な状況に遭遇しないことが第一です。予防こそ最大の危機管理です。危機的な状況が生まれないように、事前の危機管理をしっかりすることが重要です。万が一危機的な状況が生まれたときには、緊急の対応が求められます。事態が終了し一段落した時点で、これまでの取り組みを振り返り、教訓を引き出します。それをもとに、今後危機的な状況ができるだけ再来しないように予防策をとります。もちろん人間が努

力しても防ぐことができない自然災害に遭遇することもあります。

危機管理の事例のように、「これまで」を見るとは、過去の出来事を振り返るだけではありません。これまでの体験や経験、対処方法から教訓を引き出すことです。また「これから」を考えるとは、教訓を生かし新たな対応策を考えることです。ここには、二度と同じような場面に遭遇しない、過ちは繰り返さないという決意が含まれています。

6年生の歴史学習で「歴史を学ぶ意味」を考えさせる場面があります。日本の歴史を学ぶことにどのような意味があるのかを子どもなりに考えさせることです。単に過去の出来事を知るだけではありません。ここには、多くの先人がさまざまな問題を解決してきた歩みを学ぶことにより、これからの自分の生き方を考えさせることに主要な狙いがあります。過去のよき伝統を引き継ぎ、これからの社会を創造するという、継承と創造という視点からこれからの生き方を考えさせるものです。

「これまでを見て、これからを考える」という時間軸による見方・考え方は、特に「これから」のあり方や方向性を見定めるときに生かされるものです。

これまでは
どうだったかな？
これからは、
こう考えます！
こうします！

⑱ 先を見て、いまを考える

これも時間軸に関わる見方・考え方です。いま何をなすべきかを考えるとき、これから先のことを見据えることがポイントになるというものです。

資料などから、これからの社会がどのように変化していくのか、ある程度科学的に想定することができます。

例えばわが国の将来の人口の推移を表したデータがあります。これからの人口は減少していくことが予想されています。この傾向はすでに始まっています。そのなかで、高齢者の割合は増加し、子どもの数が減少していきます。このことによって、何が問題になるかおのずから明らかです。実際に働く生産年齢人口が減少するということは、いまのままでは収められる税金が少なくなることを意味しています。一方、社会保障の費用は鰻のぼりになっていくことが容易に予想されます。こうした課題に直面しているいま、何をどのようにすべきでしょうか。いまなすべきことは何かを考え、必要な備えをすることが求められます。

ＡＩ（人工知能）に代表されるように、社会のＩＴ化が予想をはるかに上回る速さで急激に進行しています。先日もテレビで、コンビニエンスストアでのレジの無人化が報道されていました。これまで人間の手で行っていたものがロボットに取って代わります。人間が必要で無くなる社会が到来しようとしています。こうした社会を主体的、創造的に生きていくためには、いま学校教育でどのような資質・能力を養っておく必要があるのでしょうか。小学校においても、プログラミング教育が求められているのはこうした視点から提起されている課題です。

「先を見て、いまを考える」という視点は、将来直面するであろう未来のさまざまな課題を見据えて、いまから準備すべきことやいまだから対応できることを考えることです。このことは、学校教育の役割とは何かが改めて問われている問題でもあります。

ここでいう「先」にはさまざまな幅があります。10年後、20年後も先です。将来の職業を考えることも先のことです。小学校から見れば中学校も先です。子どもたちにとって、もっとも身近な先は、明日のことでしょう。明日のことを考えて、今日のうちに何をしたらよいのかを考え、実行することは明日のことだけでなく、いまを充実させるうえで大切なことです。

先を見る。
これから、
どうなる？
いまを考え、
行動する。

2 処理・操作の仕方——17のポイント

1 観点を設けて比較する

私たちは複数の事象に出会うと、比較するという操作をしています。比較することによって、違いを明確にすることができるからです。選択するときには、どちらが優れているかという優劣やどちらが良いかという善悪という基準で比較しています。比較するという操作が適切に行われないと、その後の選択や決定を誤ってしまうこともあります。

リンゴとミカンを比較してみましょう。リンゴは日本の北のほうなど冷涼な地域で栽培されています。それに対して、ミカンは温暖な地方でつくられています。リンゴの表面は赤く、中は白いですが、ミカンは表面も中もオレンジ色をしています。リンゴは1個が丸ごと薄い皮で覆われていますが、ミカンは厚めの皮で包まれ、さらにいくつかの袋に入っています。ミカンはミカン科ですが、リンゴはバラ科です。さらに、リンゴの好きな人もいれば、ミカンの好きな人もいます。

思いつくまま書き出しましたが、重要なことは比較の「観点」を明確にすることです。ここには、生産地の傾向、果実の表面や中の色、果実の皮（果皮）の様子、分類や系統、さらに個人の好みなどの観点が見られます。観点は対象を対等な立場で比較するためのカテゴリーだと言えます。

観点を初めに意識して比較する場合と、アットランダムに比較し事実を出しながら、あるいは比較したあとに観点を明確にする場合とがあります。

授業においては、教師が予め観点を示して、それにもとづいて比較させる方法があります。また、子どもたちから出された意見などを教師のほうで観点別に整理していく方法もあります。子ども自身が観点を設定して比較できるようになることが理想です。

比較するとき、いま一つ大切なことは、結果を表に整理していくことです。横枠にはリンゴ・ミカンと書きます。縦枠には、生産地、色、果皮、系統などの観点を書きます。このことによって、比較した結果を可視化することができます。

比較することは違いを明確にすることだとする捉え方が強いですが、共通点に気づくことも大切です。共通点にこそ対象のもつ本質があります。先の事例で言えば、ともに果実（果物）であり、ともに自然条件を生かして栽培されているということです。

2 事象を関連付ける

複数の事象の関連性に目をつけて見ることによって、事象間の関係性が浮きぼりになることがあります。関連付けるとは、結びつきや関わりという視点をもって見ることであり、これには次のような手法があります。

関連とは、ある事象とほかの事象との間につながりや関わりがあることや関わることを言います。一方、関係とはある事象がほかの事象と関わり合うことや、その関わり合いを言います。厳密に捉えると、両者には違いがあるようですが、ここでは複数の事象の結びつきや結びつけることを「関連付け」とします。

まず、事象Aと事象Bの二つの間の関連付けです。これによって、AとBとの間にある因果関係（原因と結果）や相関関係（相互依存、表裏一体、双方向など）、AからBへの変化（移動）やAとBの間の違い（異同）などの関係を明確にすることができます。

次は、事象の連鎖です。連続性や発展性という意味あいも含んでいます。チェーンのように、事象A→事象B→事象C→事象D……とつながっていく関連です。「風が吹けば、桶屋が儲かる」という慣用句があります。風が吹くと、砂ぼこりが立って目に入り、目の見えない人（盲人）が増える。盲人は三味線をひくので、それに張る猫の皮が必要になり、猫の数が減る。すると、ねずみが増え、そのねずみは桶をかじる。その結果、桶屋が繁盛するという流れを言ったものです。これは多様な事象が連鎖している関連だと言えます。

また、循環性という関連もあります。事象A→事象B→事象C……が再び事象Aに戻ってくる関連性です。下水を処理して利用したり、古紙や空き缶などの資源ごみを再生して製品にしたりして、再び使用するという関連性です。リサイクルとか循環型社会などと表記されます。

さらに、放射型という関連があります。これは、中心になるものが核になって、周囲に拡散されていく関係のことです。東京から各地方に情報が流れていく外向きのベクトルです。逆に、人や情報などが地方から東京に集まってくる関係は一極集中という関連です。放射型の関連には拡散型と集中型の二つがあります。

このように、事象の関連付け方にはさまざまな方法があります。事象がほかの事象とどのように結びついているのか。関わり合っているのかを子どもたちに理解させるためには、授業者が授業の具体に即してこれらの見方・考え方を身につける必要があります。

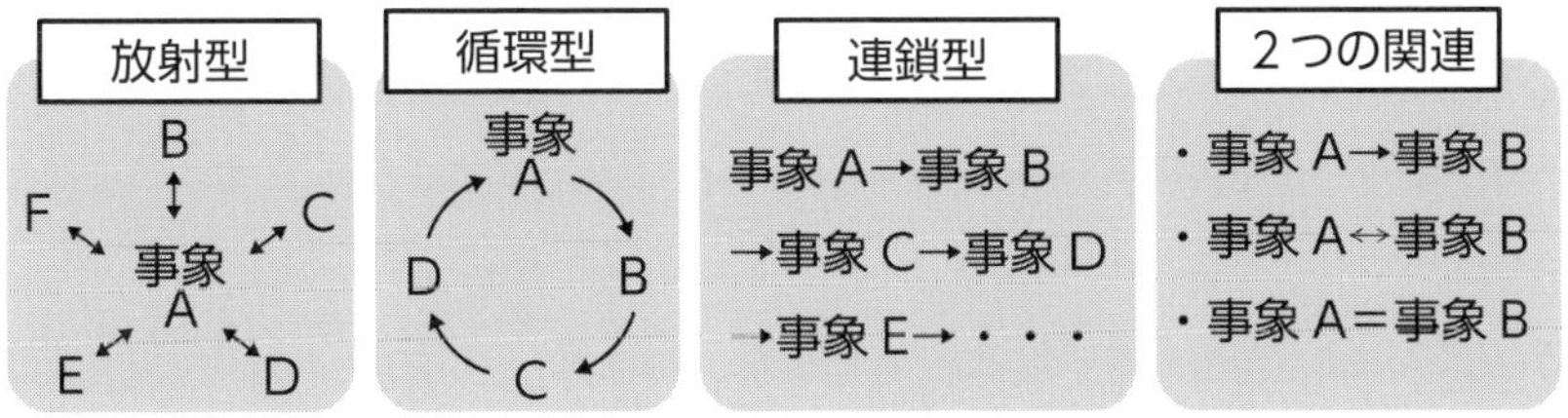
放射型
B
F
C
事象A
E
D
循環型
事象A
B
C
D
連鎖型
事象A→事象B
→事象C→事象D
→事象E→・・・
2つの関連
・事象A→事象B
・事象A↔事象B
・事象A＝事象B

3 時間の経緯で記録する

特に社会的な事象は時間の流れとともに、変化していきます。同じ状態でとどまっていることは稀です。そうした動きのあるものを捉えるためには、時系列で整理する方法があります。時系列とは、一定の期間において、収集した、不連続の個々の情報を時間の流れ（時間軸）のもとに系統立てて並べ整理した一連の事柄のことです。

運動会や音楽会などの学校行事を開催するときには、進行表を作成します。大きくは、行事の事前、事中、そして事後における作業の手順をプログラミングしたものです。時間の流れに沿って、それぞれの場面で予定される活動内容、割り当てられる時間、担当者の名前、留意すべき事項などが書き込まれています。

こうした資料を作成することによって、校内で共通理解を図ることができ、行事をスムーズに進行していくことができます。事前に検討することによって、問題点に気づくことができ、未然に防止策を考えることができます。

学校で事件が発生したときには、事態の経過を細かく記録する作業が行われます。事件の発生に気づくまでに、どのような事態が起こり、それがどのように変化してきたか。それぞれの場面で誰がどのように関わったのか。子どもたちの状況はどのように変化してきたのかなど、時間の経過に伴って、事態がどのように推移してきたかを整理します。これによって、事態の実態を捉えることができるようになり、さらに原因などの究明を図ることができます。

このように問題の発生場面などの事態を時系列で整理することによって、事件や事故などが発生した原因や背景を突き止めることができます。それは、今後の再発防止のために生かすことができます。

こうした作業は事件や事故が発生したときだけに限りません。毎日の生活上の出来事などを記録する学級日誌や日記などは時系列による足跡です。

日頃の生活や学習の様子を記録し続けることによって、自己を見つめる機会になり、よりよい仕事の仕方を考えるきっかけをつくることができます。日頃から、自らの実践や仕事の内容を時間の経緯で記録する習慣を身につけたいものです。

時間を追って記録すると
・およその流れがわかる
・大きな変化がわかる
・変化した理由や原因を
考えることができる

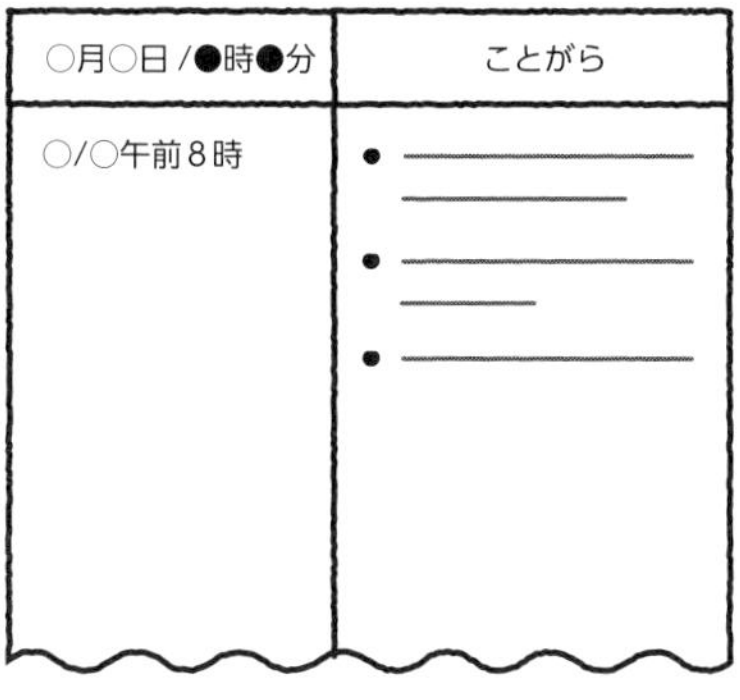
○月○日 /●時●分
ことがら
○/○午前８時

4 原因、根拠、理由と結びつける

考えたり考えたことを発言させたりするとき、「根拠を明確にしてください」とか「そのように考えた理由は何ですか」などと問いかけることがあります。これによって単なる思いつきで発言したのか、確かな根拠のもとに考えたのかをハッキリさせることができます。

原因とは、ある事柄が引き起こされたもとになったもののことです。結果に対する対語でもあります。根拠とは、ある言動のよりどころになったもののことです。理由とは、結果が生みだされたわけのことです。根拠と理由は違う概念です。いずれにも共通していることは、事柄や言動や考えなど現在の状況が存在する背後や背景であることです。そこでは、これまでの学習で学んで得た知識や見方・考え方、生活の場で経験したことなどが生かされます。

原因、根拠、理由と結びつけて見たり考えたりすることは、考えをより確かなものにするとともに、筋道を立てて考えるという論理的な思考力をつけるためにも重要なことです。

授業研究会の場で次のようなやり取りがありました。

「今日の授業では、子どもたちが生き生きと主体的に学習に取り組んでいたので、とてもよかったです。とても楽しい授業でした。」

これは単なる印象批評としての発言です。なぜそうなのかが伝わってきません。

「子どもたちの発言の仕方に注目していると、『今の考えに賛成です』『反対します』と自分の立場を明確にしてから考えを発言していました。子どもが相互に関わり合いながら主体的に取り組んでいる様子がわかりました。」

「授業記録をとっていると、子どもたちが活発に発言している場面がありました。子どもたちに生まれた問題意識を踏まえて、教師が発問していたからだと思います。」

これらの発言には特色があります。事実やデータなどをもとに、原因、根拠、理由と結びつけて考えを述べていることです。論理性があり、科学的ですから、その考えを多くの人に納得させることができます。

ひらめくという言葉があります。これは、瞬間的にあるいは第六感が働いて、ある考えが脳裏に浮かぶことです。予期しないアイデアが生まれることがありますから、必ずしも否定されるものではありません。

○○だから、
△△だと思います。
原因
○○だと考えたのは、
△△だからです。
理由
○○をもとに考えると、
△△だと思います。
根拠

5 観点をもって ——分析的に

庄内平野の様子を空から撮影した写真があります。社会科の米作りの学習でたびたび使われる資料です。教師は「この写真から、どんなことがわかりますか。どんなことでもいいから、発表しなさい」と、発言を促しました。

M子　遠くに山が見えます。地図で調べると、『鳥海山』と書いてあります。

教師　よく見たね。M子さんは山という地形に目をつけたんだね。

N男　鳥海山の手前には、平野が広がっています。とても広いです。平野には川が流れています。

教師　N男くんも地形に目をつけたね。平野と川を結びつけたところはとてもいいよ。

T子　平野の全体が田んぼに使われています。

A子　水田ですから、稲を育てています。

教師　T子さんやA子さんはともに平野が水田になっていることを言っているよ。これは土地の使われ方（土地利用）に目をつけた意見だね。

S男　いくつかの農家が集まって、集落をつくっています。住宅が集まった集落はあちこちに散らばっています。

教師　よく見つけたね。これも土地利用の目だよ。

ここでのポイントは、教師が子どもの発言の内容を意味づけていることです。「地形に目をつけたね」「土地利用の目だよ」など、資料を読み取る際の観点を子どもたちの発言を踏まえて、教師が明確にしています。これによって、一枚の資料をより深く、分析的に読み取ることができるようになります。また、庄内平野は米作りの盛んな地域だというイメージが形成されていきます。

教師が子どもの発言を意味づけるリアクションをすることによって、子どもたちはその対象を読み取る際の観点そのものを学んでいきます。また、「対象を見るときには観点を設けることによって、分析的に見ることができ、より深く捉えることができる」ことを学んでいきます。

子どもたちの発言を言わせっぱなしにせずに、発言の内容を踏まえて、教師が資料の読み取りや分析の観点を示すことがポイントです。

観点を設けて見ると、
より深く読み取る
ことができます。

観点	庄内平野の様子
地形	
土地利用	
田の様子	

6 条件を踏まえたり揃えたりする

事象などを比較して選択したり、要件を決定したりするとき、条件を踏まえたり揃えたりして見たり考えたりすることは日常的に行われていることです。これは判断する際の重要な手続きになります。

5個で700円のミカンがあります。一方に、10個で1200円のミカンがあります。どちらが買い得かを考える場面に遭遇することがあります。前者は1個が140円になり、後者は1個が120円ですから、価格だけで判断すると、当然後者が買い得です。しかし、物を買うときには、他の条件も加わります。例えば、重い荷物を持つことができない。一人で食べる。前者のほうが新鮮であるなどの場合には、前者を購入することもあります。大きさや産地、賞味期限などを考慮して判断することもあります。

ものを見たり考えたりするときには、多様な条件を踏まえるとともに、結果を総合的に判断することが求められます。

発芽のための最低条件を検証する実験があります。種子など休眠状態にあるものの発芽を促す外的な条件には、適度な温度、水分、酸素（空気）、光、土などが必要です。ここでは五つの条件のうち、一つだけ外した環境をつくることによって、外した条件が発芽に必要かどうかを判断することができます。

　AからEの五つの容器を用意します。Aの容器は5℃程度の冷蔵庫に、Bは水分をまったく与えずに、Cは真空状態のパックに、Dは光を遮断したところに、Eは土を入れずにそれぞれ置きます。そのほかの条件はすべて同じにします。一週間ほどすると、DとEは発芽しますが、そのほかは発芽しません。

　実験の結果、発芽するためには、土や光は必要な最低条件ではないことがわかります。また、発芽には適度な温度と水分と酸素（空気）の三つの条件がすべて揃っている必要があることを検証するためには、また他の実験が必要です。

　条件を踏まえることや揃えることは確かな見方・考え方をするために大切な手続きです。ものを見たり考えたりする際には、揃えることと違えることを明確にして処理することが求められます。

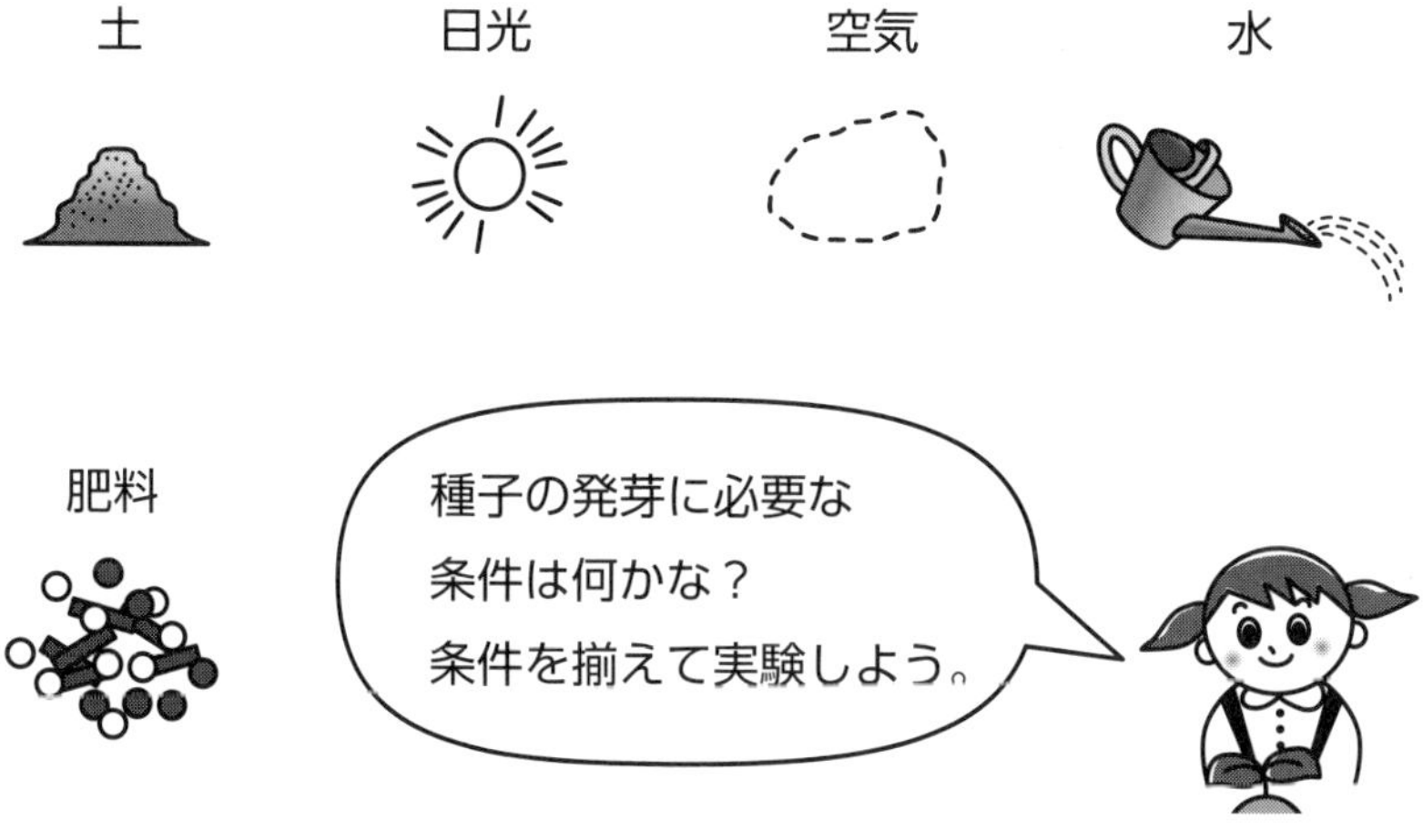

7 消去法で選択する

「人生は選択の連続だ」とも言われています。人生において、複数の対象や事象と出会ったときなどさまざまな場面で選択することが求められます。

本屋さんで本を買うとき、欲しい本が5冊ありました。1冊買うことを決めたとき、当面必要のないものから、順に外し、最後に残ったものを買うことがあります。また、いつもの通勤途上で電車のトラブルに遭遇したとき、A路線に変えて遠回りしていくか。徒歩とB路線を組み合わせていくか。それともこのままの路線で行くか。選択に迷うことがあります。このようなとき、リスクなどの大きいものから、その方法を取り止め、最終的に一つの行き方を決めることがあります。

選択・決定する際に決断に迷ったとき、消去法という方法を取り入れることがあります。これはものを見たり考えたりする際の一つの方法です。消去法とは、複数の個体のなかから選択・決定するとき、必要なものとの距離の遠いものから順に、強制的に除外していき、最後に必要とするものを残す方法です。通常は一つを残します。これは必要とするものを積極的に選択する方法と比べ、消極的な選択方法です。

ペーパーテストに選択問題が出されることがあります。三択問題や五択問題などです。正答がわからないなど正答が一つに決められないとき、当てずっぽうに答えるより、正答の確率を上げる方法があります。それが消去法です。

まず、明らかに間違っているものを除外します。次に、正答の確率の低いもの、正答ではないと思われるものを順に除外していきます。そして、最終的に一つを残し、解答するという方法です。

調べ学習の場面で、時間内で収集した資料をすべて読み取ることができないときには、当面必要でないものを順に削除していき、残った資料から調べていくことがあります。

消去法は、最低必要なものを選択する際の見方・考え方です。積極的な選択方法ではありませんが、ものを見たり考えたりするときに習得しておきたい手法です。ここでのポイントは消去する際の基準を誤らないようにすることです。基準には、正しいもの（正誤）、優れているもの（優劣）、よいもの（善悪）、適したもの（適否）などがあります。

次のうち、哺乳類でないのは、どれ？
□ マムシ
□ クジラ
□ コウモリ
□ チンパンジー
□ イルカ

8 分類（仲間分け）を生かす

さまざまな個々の事実を分類・整理することは、事象全体の傾向性や特徴などを把握する際の処理方法です。個々バラバラの状態では見えなかったことが見えてきたり、気づかなかったことに気づいたりすることができるようになります。

分類するとは、さまざまな事実を予め定められたカテゴリーにもとづいて区分し、仲間分けすることです。分類すると、事実や事象が整理整頓され、体系化されます。分類されたものには、それぞれラベリングされ（見出しがつけられ）ますから、ラベルに示された名称は事実全体を構成している要素だと捉えることができます。

調べ学習の時間のことです。ある子どもが図書を探しに、学校の図書館に出かけました。ところが、図書館のなかをぐるぐる回ってきただけで、必要とする図書を探し出すことができませんでした。本で調べたいという意欲と行動力はあったようですが、本の探し方や図書館の本の並び方を知らなかったようです。

図書館には、さまざまな図書が一定の法則にもとづいて配列されています。図書分類法は利用者が必要とする図書を見つけやすいように、知識体系を一定の原則にもとづいて仕分け、細分化して整理する方法です。わが国では、十の単位で分類する十進分類法が取り入れられています。学校図書館の図書も図書分類法にもとづいて置かれています。分類法を理解していると、図書を探すのに時間がかかりません。学級活動の時間の重要な指導事項です。

生物学の主要な研究分野に分類学があります。自然界のさまざまな生き物は進化の系統によって分類されています。これまでの研究の成果を踏まえて、哺乳類や鳥、貝や魚、昆虫などさまざまな分野の生き物の分類の系統図が作成されています。対象や事物を捉えるとき、これらの系統図を活用して、どこに位置しているのかを判断することができます。

分類を生かすという見方・考え方には、自らが分類・整理する作業を行うことによって、対象をより深く捉えることができるという趣旨と、すでに作成された系統図などを活用して、その位置や分類を明確にするという趣旨の二つがあります。

対象や事象に対する見方・考え方を養うためには、多様な事実を分類・整理する方法を身につけることが大切ですが、それと同時に、分類・整理された資料や事柄を活用する能力を養うことも大切にしたいです。そのためには、さまざまな事象がどのように分類・整理されているか。そのルールや実態を教えておきたいものです。

次の食品は主にどれに当てはまるかな？一つとはかぎりません。
食品の五大栄養素
・炭水化物
・脂質
・たんぱく質
・無機質
・ビタミン
□ 米
□ とうふ
□ 大根
□ りんご

9 ＫＪ法で情報を整理する

川喜田二郎氏が『発想法』を出版したのは昭和42年のことです。ＫＪ法という情報処理の方法を提唱しました。「ＫＪ」とは筆者のイニシャルです。

川喜田氏は、昭和45年に出版した『続・発想法』のなかで、「ＫＪ法を実践した人びとは、ある力強い喜びを感ずる」とし、この喜びは「創造的体験」そのものであると述べています。そして、この体験を通じて「人びとの創造性が育つ」とし、「ＫＪ法は人材育成に役だっている」と結論づけています。書名に「発想法」とあるように、ＫＪ法は新しいものや考えを創り出す問題解決のための方法です。

ＫＪ法を使って作文を書く際に、次のような用途が例示されています。

「自分が表現したい問題点を紙きれに書いてＫＪ法で組み立てる。そしてそれを見ながら作文を書けば、しっかりとした論理的にも筋のとおった作文が書きやすくなる。また作文の構成力が高まるにちがいない。」

こうした趣旨をもったＫＪ法は、出版当時から学校での授業で取り入れられるなど、瞬く間に全国に広がりました。情報を処理する場面では、次のような手順で進められました。

① １枚の資料から発見したことやあるテーマについて思いついたことをアットランダムに

書き出します。その際、後で処理しやすくするため、１枚の付箋に一つの事実を書きます。１枚の付箋に複数の要素や内容を書くと、処理するときどちらに含めるか困ってしまうからです。できるだけたくさんの付箋に書くようにします。

②　付箋を大きな紙の上に置きます。そして、似ているもの、関係のあるものを移動して、塊をつくります。これは分類・整理し、仲間分けするという作業です。いずれにも属しない付箋は一か所に集め、「その他」とします。「その他」の付箋を増やさないことがポイントです。

③　グループごとに丸で囲み、小見出しをつけます。どこにも所属しない「その他」の付箋が多いときには、さらに仲間分けができないかを検討します。

④　分類・整理された全体を眺めて、全体の見出しを考えます。書籍の書名に当たるものです。このあと、筋書きや順序性を考えます。個々の多様な事実をＫＪ法で処理することにより、全体像が見えてきたり筋道が明らかになってきたりします。ＫＪ法はものを見たり考えたりするときの有効な手だてです。

ＫＪ法で情報整理

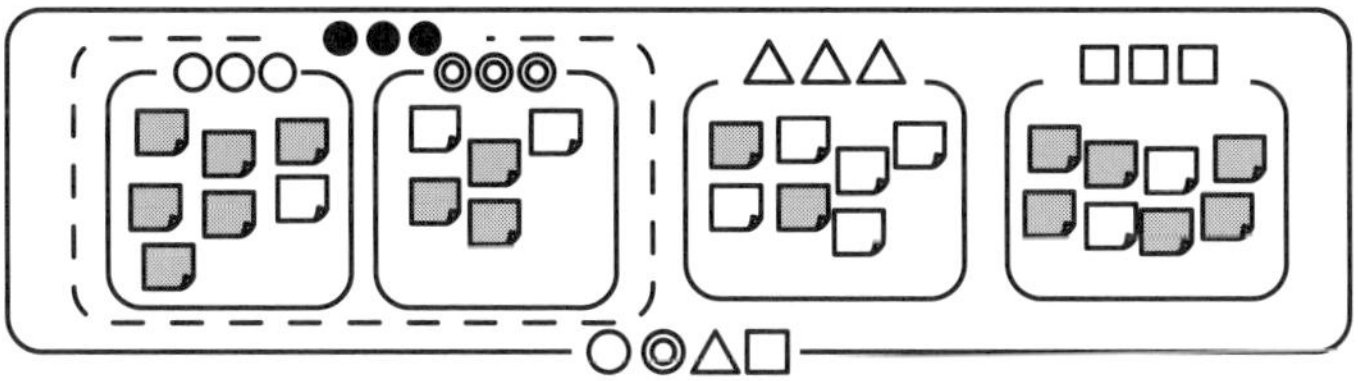

10 公平・公正に

人やものなどの対象を見たり考えたり、さらに対象に対して判断・評価したりするとき、対象に対して公正・公平であることは当然大切なことです。公正とは公平で正しいことを言い、公平とは判断や処理の仕方が偏っていないことを言います。『明鏡国語辞典』によると、公平と公正は意味が近いが、「公正」は正しいことに、「公平」は偏らないことに重点があるとされています。

特別の教科になった道徳科の学習指導要領には、「主として集団や社会との関わりに関すること」に「公正、公平、社会正義」の項目があります。ここには、低学年に「自分の好き嫌いにとらわれないで接すること」、中学年に「誰に対しても分け隔てをせず、公正、公平な態度で接すること」、高学年には「誰に対しても差別をすることや偏見をもつことなく、公正、公平な態度で接し、正義の実現に努めること」と示されています。

こうした見方・考え方ができ、自己の生き方として組み入れるようになるためには、教育活動のあらゆる場面で、公正・公平に見たり考えたり、さらに判断したりする場面を重視した指導が求められます。

私たちは日常生活において、二つの対象や事象が対立したり矛盾したりする二項対立の関係にあるものに出会うことがしばしばあります。こうした場面では、葛藤や戸惑いが生まれるなど人として悩むこともあります。理想と現実、本音と建前、個人（私）と社会（公）などの尺度（基準）が錯綜するからです。だからこそ、公正・公平に見たり考えたりすることが求められるのだと思います。

原野に道路をつくると、人々の往来が便利になります。しかし、豊かな自然環境が壊されます。一方、道路をつくらないと、自然は保護されますが、人々は不便さを強いられます。開発か保護かという課題はいつの世も話題になります。いずれの立場も尊重される、バランスのある解決方法はないのでしょうか。

公正・公平に見たり考えたりして、判断し行動することは、全体像を捉えた適切な調整能力と健全なバランス感覚が問われることでもあります。ただ、言うは易く、行うは難しです。

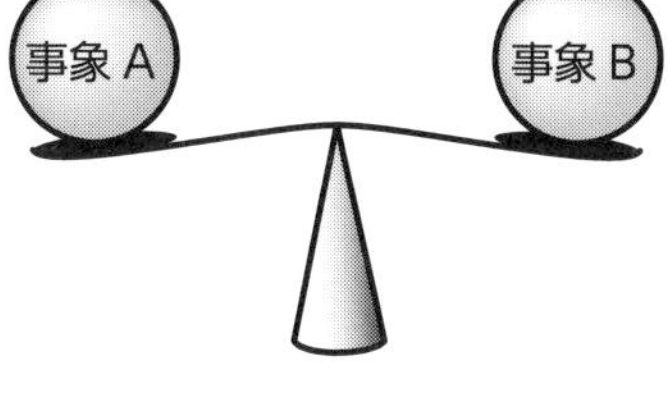

天秤にかける

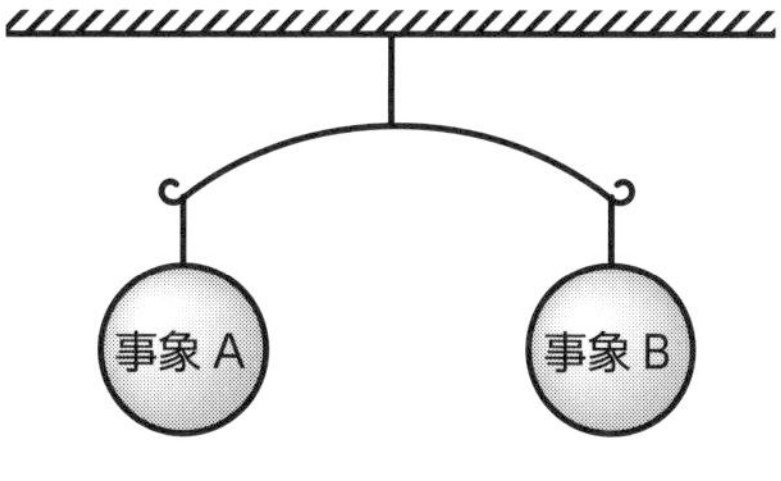

やじろべえ

11 多方面からアプローチする

スペシャリストとは専門家のことで、プロフェッショナルと同義語です。多方面の能力や知識をもつ人をいうゼネラリストの対義語です。ゼネラルには一般的という意味が含まれています。耳障りな言葉ですが、「専門ばか」という言い方があります。ある一つのことに熱中して専門性を高め、そのことに秀でることは大切です。しかし、それだけでは視野が狭くなり、一般常識さえ知らない人になってしまうことを言ったものです。

対象や事象に対して多方面からアプローチするとは、専門的な立場や視点から深く追究するというのではなく、多くの分野から多角的に広く追究することです。

筆者は長くトイレの研究をしています。きっかけは子どもから「十二単を着た女性はどのようにトイレをしたのか」と質問されたことです。『便所のはなし』(鹿島出版会)という本を読んで、平安時代には樋殿と呼ばれた一間に、大便用の清筥(しのはこ)と、小便用の虎子(おおつぼ)が置かれていたことを知りました。これらはいまで言う「おまる」のことです。トイレへの関心は、平安時代から縄文・弥生時代に逆上り、鎌倉時代や江戸時代のトイレに関心が広がっていきました。当初は歴史的なアプローチが中心でした。

その後、世界のトイレ事情に関心が移り、国際理解の観点からトイレについて調べることになります。さらに、福祉や健康、環境、風俗、芸術、食べ物などアプローチの視点が広がっていきました。その結果、トイレに対する理解が総合的になり、トイレの奥の広さを実感しました。「トイレ学」なる学問分野を構想するようになります。

ある事象を多方面からアプローチして見たり考えたりすることは、単に視野を広げるだけでなく、専門的な視点からアプローチしたことを補完し、信頼性を高める役割もあります。

多方面からのアプローチはともすると対象を広く浅く見たり考えたりしがちですが、こうしたゼネラリストの視点からアプローチすることは、スペシャリストとして成長していくために重要なことです。このことは教えるプロである教師においても例外ではありません。

スペシャルを縦の棒に、ゼネラルを横の棒に置き換えて両者を合体させると、アルファベットのTの文字になります。|型だけでも、一型だけでもない、T字型の教師になること、T字型の人間を育てることを目指したいものです。

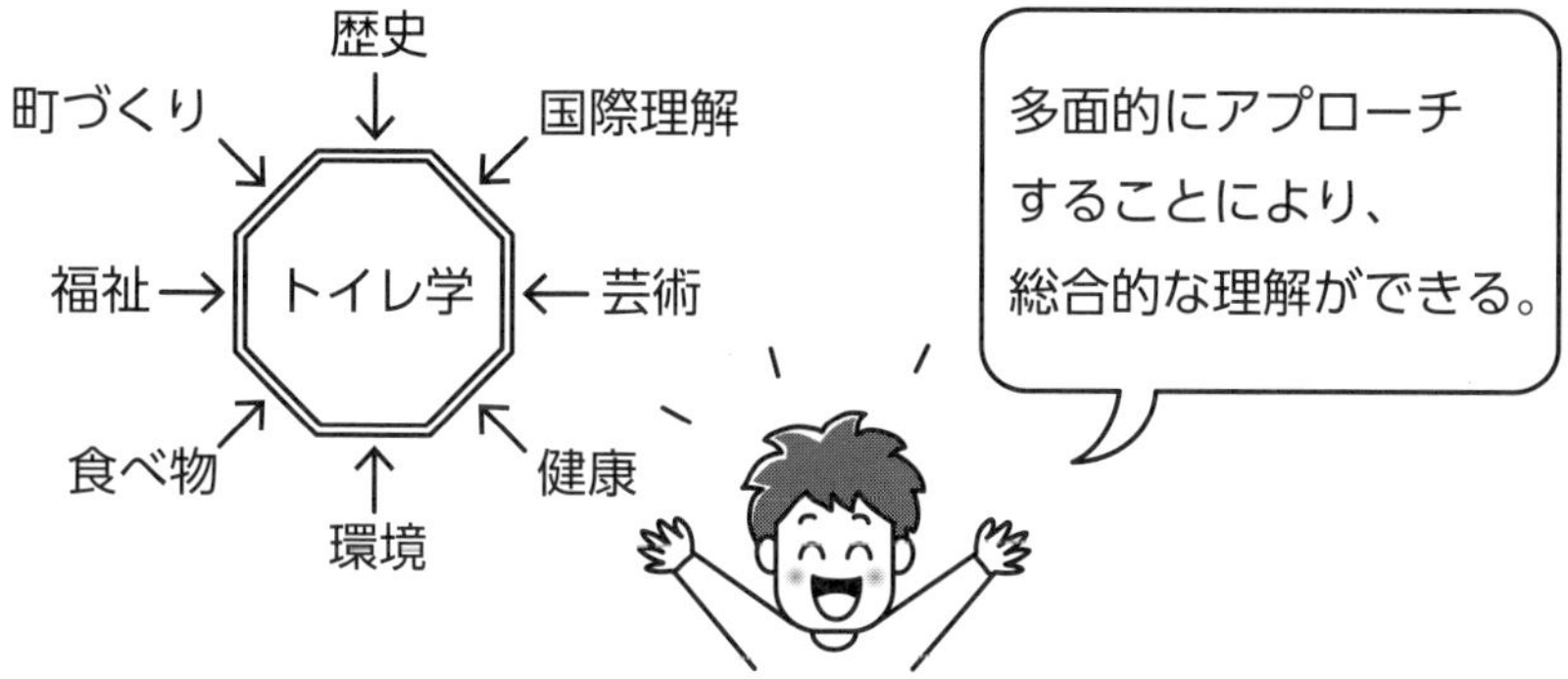
歴史
町づくり
国際理解
福祉
トイレ学
芸術
食べ物
健康
環境
多面的にアプローチ
することにより、
総合的な理解ができる。

12 総合的に（総括して）

対象や事象を見たり考えたりするとき、瞬間的には全体に目がいきますが、時間をかけて観察しているとどうしても部分に目がいきがちです。

公園などに整備された花壇を見たとき、多くの人は「綺麗だな」「美しいな」ととっさに感じます。これは第一印象です。全体を捉えた直観でもあります。その後、どんな花が植えてあるのか。どのような色の花が咲いているのかといった花の種類や色、さらに植えられ方や世話の仕方などに目が向いていきます。そして、観察して得た事実をもとに、改めて花壇の花の「綺麗さ」や「美しさ」を実感します。

総合的に見たり考えたりすることは、こうした分析的な視点で明らかになった個々のことを総括して捉える方法です。総合とは、個々別々のものを一つのものにまとめることです。総括とは、総合して、締めくくることを言います。総合と総括はよく似た用語です。総合化するとは、対象や事象の具体的な事実をもとに、それらの特色や全体像を捉えたり、概念化、一般化したりすることです。

国語科の題材で、登場人物の発言や行動を細かく読み取る場面があります。これらは人物に関する個別具体的な事実です。これらを踏まえ、「この人物はどのような人間でしょうか」

と問うことがあります。これは人物像を聞いているものです。事実をもとに総合的に判断することが求められます。

平安時代の時代像を表す言葉に「国風文化（日本風文化）」があります。文化の側面から、平安時代の特色を言い表したものです。これは、貴族の衣食住の生活や文学などの事実を総合化したものです。ここでは「これまで調べたことをまとめると、平安時代の文化はどのような文化だと言えますか」「調べてわかった事実から、どのような文化が栄えた時代だとまとめられますか」などの発問や指示が発せられます。当時の政治や産業、信仰などの分野からアプローチして調べ、それらを総合化すると、平安時代に対する違った時代像がつくられます。

対象や事象をトータルに捉えることは、より本質を理解するために必要な見方・考え方です。ただ、どの範囲や対象のものを総合化したかによって、生み出される概念が変わってくることもありますから、限定的に捉える必要があります。

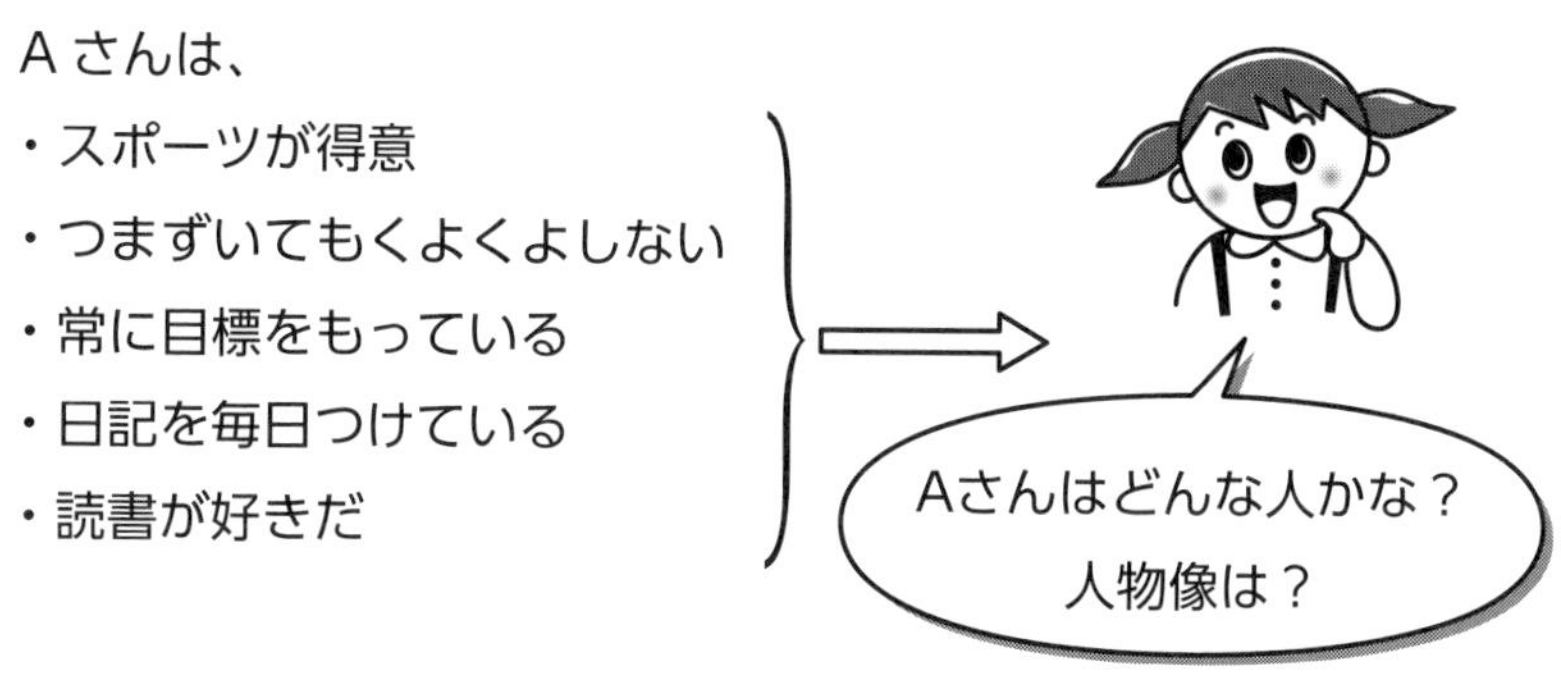
Aさんは、
・スポーツが得意
・つまずいてもくよくよしない
・常に目標をもっている
・日記を毎日つけている
・読書が好きだ
Aさんはどんな人かな？
人物像は？

13 ベストが無いときはベターを

社会生活において、例えば、ものを買う。目的地に行く。人を選ぶ。店を決める。飲んだり食べたりするなどの行為が行われます。こうした場面では、必要なもの（こと）を選択したり決定したりすることが求められます。人生は問題解決の連続であり、そうした場では選択・決定する行為が連続的に行われています。

物事などを選択・決定するときに、際立ったものが一つあれば、それを「ベスト」とすることができます。ところが、最も優れたもの、最も欲しいものを決断することができず、悩むことがあります。「甲乙付けがたい」とか「団栗の背比べ」などという慣用句があります。どちらが優れているかを決めがたいとか、どれもこれも似たり寄ったりで、大きな違いはないという意味です。いずれも「ベスト」のものや「一番手」のものを決めることができないという趣旨です。そのようなとき、「ベスト」ではないが、「ベター」なものを選択するという方法があります。これは一番手ではなく、二番手です。ベスト（一押し）ではありませんが、ほかのものと比べて、「より優れているもの」「よりよいもの」を選ぶという、やや消極的な選択方法です。

「ベスト」「ベター」と聞くと、英語の授業を思い出します。物事や事物をレベル分けするとき用いる用語に、原級、比較級、最上級があります。例えば「よい」は、good（よい）―better（よりよい）―best（最もよい）と言い表されます。「よりよいもの」を選ぶ行為には他との比較による相対的な基準が用いられます。

ベターなものを選択・決定することには、やや妥協的なところがありますが、折り合いをつけることも対象や事象に対する見方・考え方、判断の仕方の一つです。とにかく選択・決定しないと、前に進まないことがあるからです。

日常生活において、絶対的に見てベストではないが、相対的に見るとベターであるものを選択・決定するという判断行為はさまざまなところで行われます。ベターなものを見抜いたり考え出したりする手だてを身につけることは、社会生活を主体的に生きていくために必要なことです。

選択・決定したことに対しては、その基準を明確にしておくことが大切です。判断基準はできるだけ客観的で、公正・公平であることが原則です。

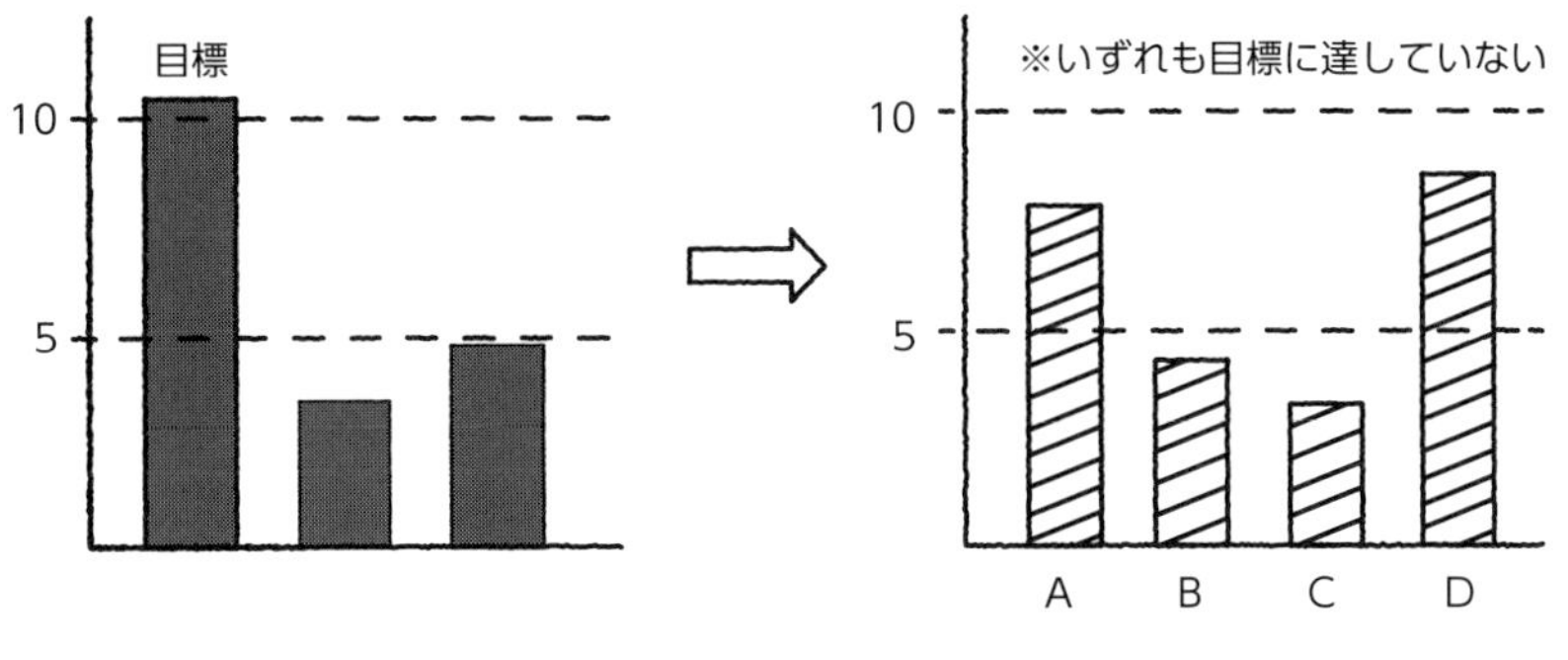

14 具体を一般化、概念化する（帰納的手法）

帰納とは、個々の具体的な事実をもとに一般的な概念や命題、法則や傾向を導き出すことで、思考の手続きの一つとされています。対義語は演繹です。

単に具体的な知識を習得することで終わらせず、それらをもとに帰納的に思考することによって、概念や傾向性を導き出すことです。これによって、対象や事象に対する見方・考え方のレベルを高めることができます。

次のような社会科の授業がありました。雪国の人々の暮らしについての学習場面です。

教師　雪の多い新潟県十日町市に住んでいる人々は、どのような工夫をして生活していますか。

A男　融雪パイプで道路の雪を解かしたり、流雪溝に雪を流したりして、道路の雪を取り除いています。

K男　たくさん雪が降ったときには、家がつぶされないように屋根の雪を下ろします。

Y子　夜中に、ブルドーザーで道路の雪をわきに寄せています。

S子　庭の木が雪で押しつぶされないように、雪囲いをしています。

教師　いろんな工夫が出されましたね。これらの工夫をまとめると、「つまり」どのような工夫だと言えますか。

Y子　どれも、雪を邪魔なものと捉えています。

K男　どれも「雪を取り除く工夫」です。

T男　「雪から暮らしを守る工夫」です。

この授業では、事実から「守る工夫」という概念を確認しました。これは「克雪（雪を克服すること）」です。このあと、「生かす工夫」を追究していきました。生かすとは、「利雪（雪を利用すること）」や「親雪（雪に親しむこと）」です。

対象や事象を見たり考えたりするとき、個別具体的な事実の確認で終わってしまうと、単なる事例や題材そのものの学習になってしまいます。そこから、より一般性のある概念を導き出させることによって、対象や事象に対する見方・考え方を高めることができます。この思考操作が帰納的な手法と言われる手続きです。

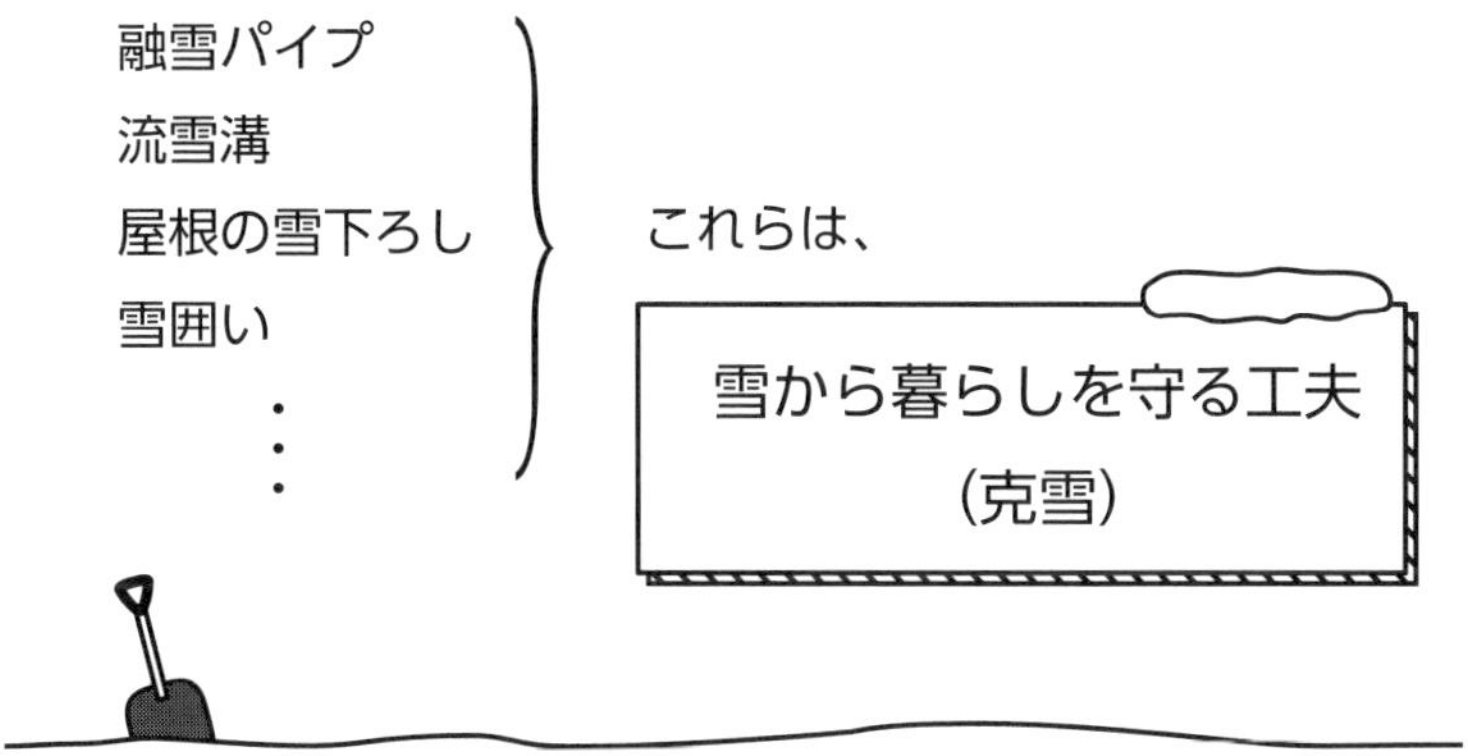
融雪パイプ
流雪溝
屋根の雪下ろし
雪囲い
・・・
これらは、
雪から暮らしを守る工夫
（克雪）

15 概念を具体化する（演繹的手法）

演繹とは、国語辞典によると、経験にたよらず、一般的な原理から特殊な事実を推理すること、導き出すこととやや固い説明がなされています。

演繹は帰納の対義語です。帰納とは、個々の具体的な事実から、その共通点に目をつけて一般的な法則や概念を見いだすことです。その逆が演繹ですから、平たく言えば概念を具体化することです。これを演繹的な手続きと言います。

次のような授業場面がありました。地域の小さな部品工場を見学したあとのことです。

教師　工場を見学してどう思いましたか。

A子　工場のおじさんの仕事を見て、とても大変だと思いました。

これに対して、ほかの子どもたちから一斉に「同じでーす」と同調する声が返ってきました。普通ですと、「そうですね。工場のおじさんはとても大変な仕事をしていましたね」と言って、次の話に移るのですが、教師は次のように切り返しました。

教師　A子さんは、おじさんの仕事は大変だと思ったんだね。どんなところからそう思ったのですか。

A子　おじさんは、「夜遅くまで仕事をしている」と言っていたからです。

教師　ほかの人はどうですか。同じですか。

K男　ぼくは違います。「つくった部品を時間までに届けないといけない」と言ったことです。道路が渋滞すると、遅れてしまうことがあるそうです。

Y子　私は、おじさんの手を見たら、黒く汚れていました。部品づくりはとても苦労が多いんだなと感じました。

教師の「どんなところからそう思ったのか」という切り返しがきっかけになって、子どもたちは「大変だ」という概念を具体化している様子がわかります。根拠にしている事実には、子どもによってそれぞれ違いがあることにも気づきます。けっして「同じでーす」ではありません。

「例えば？」とか「具体的には？」と問うことによって、演繹的な思考が促されます。演繹的な手続きは、概念をくだき、具体的事実で論証しようとするものです。帰納的な手法とともに、身につけさせたい見方・考え方です。

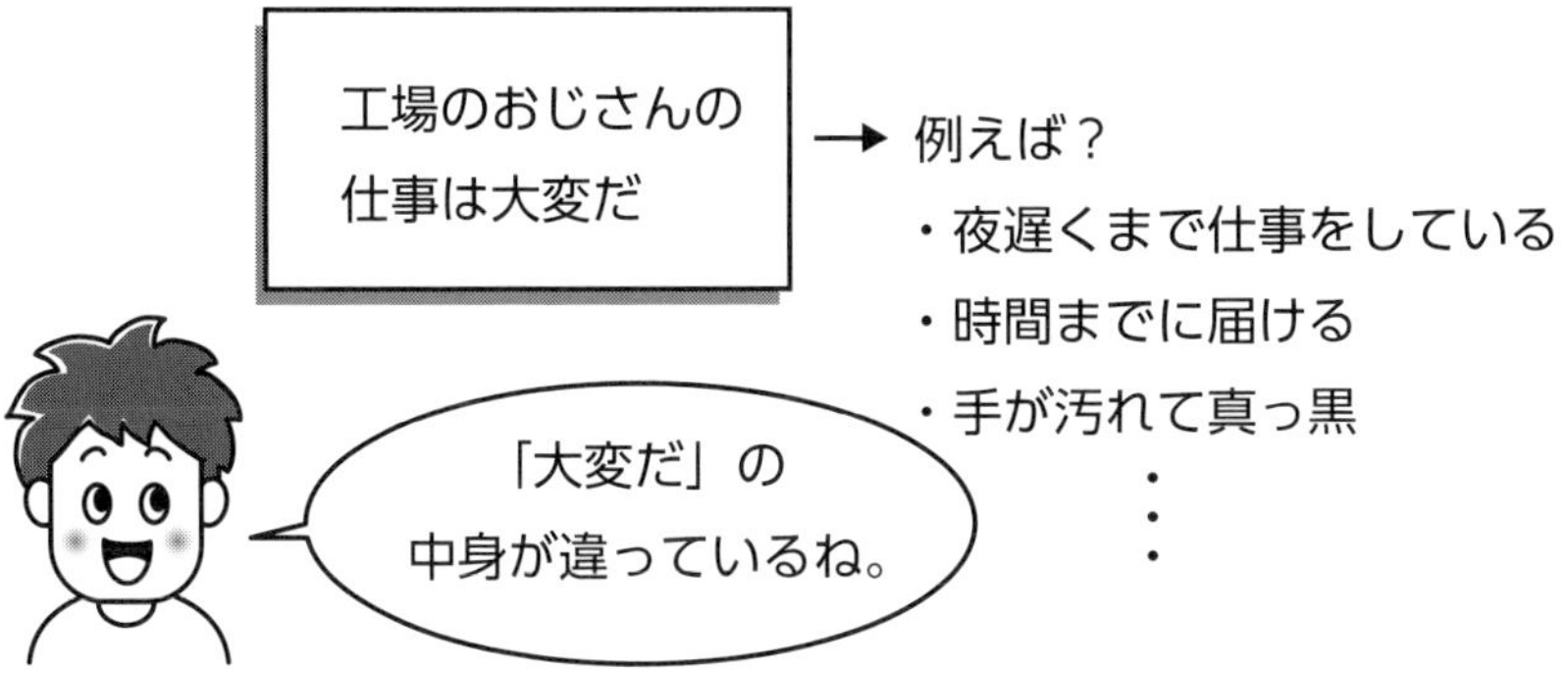
工場のおじさんの仕事は大変だ
例えば？
・夜遅くまで仕事をしている
・時間までに届ける
・手が汚れて真っ黒
「大変だ」の中身が違っているね。

16 応用・転移する

情報社会においては、日進月歩新たな知識や技能が生産されています。常に学び続けなければ時代に遅れてしまう恐怖感をもちます。ところが、学ぶ時間や場には限りがあります。義務教育は9年間であり、大学まで学んでもせいぜい16年間です。

これからの変化の激しい社会を生き抜いていくためには、学校教育でどのような資質や能力を身につけておく必要があるのでしょうか。ここでは次の二つを提案します。

一つは将来にわたって学び続けようとする意欲とそのために求められる学び方です。これによって、学び直しや新たな知識の獲得ができるようになります。学び方とは「一匹の魚」ではなく「魚のとり方」ですから、一生ものと言えます。ここでいう学び方には、調べ方やまとめ方、問題解決の方法のほか、見方・考え方も含まれます。

二つは、学んだことをほかの対象や事例に応用・転移することができる知識や能力を身につけることです。「一つを学んで、十がわかる」という言葉があります。あれもこれもを学ぶのではなく、一つのことをじっくり学び、そこで獲得した知識や見方・考え方を応用・転移することによって、ほかのことがわかるようにするものです。

学校や会社、ホテルなどにはマスター・キーという鍵があります。これはそれぞれの部屋に入るための個別の鍵ではありません。一つの鍵でいずれの部屋にも入ることができるたいへん価値のある貴重なものです。これまでの教育では、1号室、2号室、3号室・・・にあたる個別の鍵を持たせることを重視してきました。そのため、子どもたちはたくさんの鍵を持ち、さらに新たな鍵を手に入れなければなりませんでした。

マスター・キーにあたる応用性、転移性のある知識や見方・考え方を身につけていれば、すべての部屋に入ることができます。増築された部屋に入ることができるかもしれません。「一つを学んで、十がわかる」ようにするためには、「一つを学んで」獲得させる知識を明確する必要があります。これは概念であったり、理論や定義であったりします。また、「十がわかる」ようにする応用力や転移力、それに見方・考え方を身につける教育が必要になります。

習得した知識や技能を活用して、応用力や転移力を発揮しながら課題を解決するためには、思考力、判断力、表現力などの能力を養わなければならないことは言うまでもありません。

17 「もし～だったら」と仮定する

日常生活においてたびたび使われている見方・考え方に「もし～だったら」と仮定することがあります。「もし宝くじで3億円が当たったら何に使うか」「もし1週間の休みがとれたら、北海道に旅行したい」「万一事故を起こしても困らないように、自転車の保険に入っておこう」「もしも大きな地震がきたら、どこに避難しようか」など、私たちは常に仮定と一体に生きているのかも知れません。

さまざまな事件や事故、自然災害に対して危機管理が求められています。そこでは、さまざまな場面を想定して、もし発生したら誰がどのように対応するかといったマニュアルが作成されています。被害を最低限にくい止めるためです。

日々の授業においても例外ではありません。指導目標のもとに、一定の指導計画を作成しますが、「もし計画どおり進まないときにはどうするか」「もしも子どもたちが○○と反応してきたら、発問を○○に変える」「もし反応がなかったら、○○と指示する」など、予期しない事態を想定して多様な対応策を考えています。

授業においても、「もし～だったら」と問いかけることがあります。例えば、国語科や道徳科では「もし、自分が主人公の立場だったら、どのように考えますか（あるいは行動しますか）」という問いや、社会科では「もし、学校が火事になったら、消防自動車はどこに配置されると思いますか」などの問いです。いずれの問いもその立場や状況になったことを想定して、「きっと○○するだろう」とか「たぶん○○だろう」と想像的な思考を促します。

「もし～だったら」と仮定することは、問題場面に対するある種の心構えです。危機対応策だと言えます。「～になるのではないか」と仮説を立てることは、ゴールイメージをもって取り組むことであり、方向性を明確にする方策です。対象や事象に対して仮定したり、仮説を立てて見たり考えたりすることは、問題解決の入口を明確にすることです。のちほど、結果と比較することによって、仮定や仮説の内容の成否を立証することができます。また、学びの深まりを確認することができます。日常生活において身につけさせたい見方・考え方です。

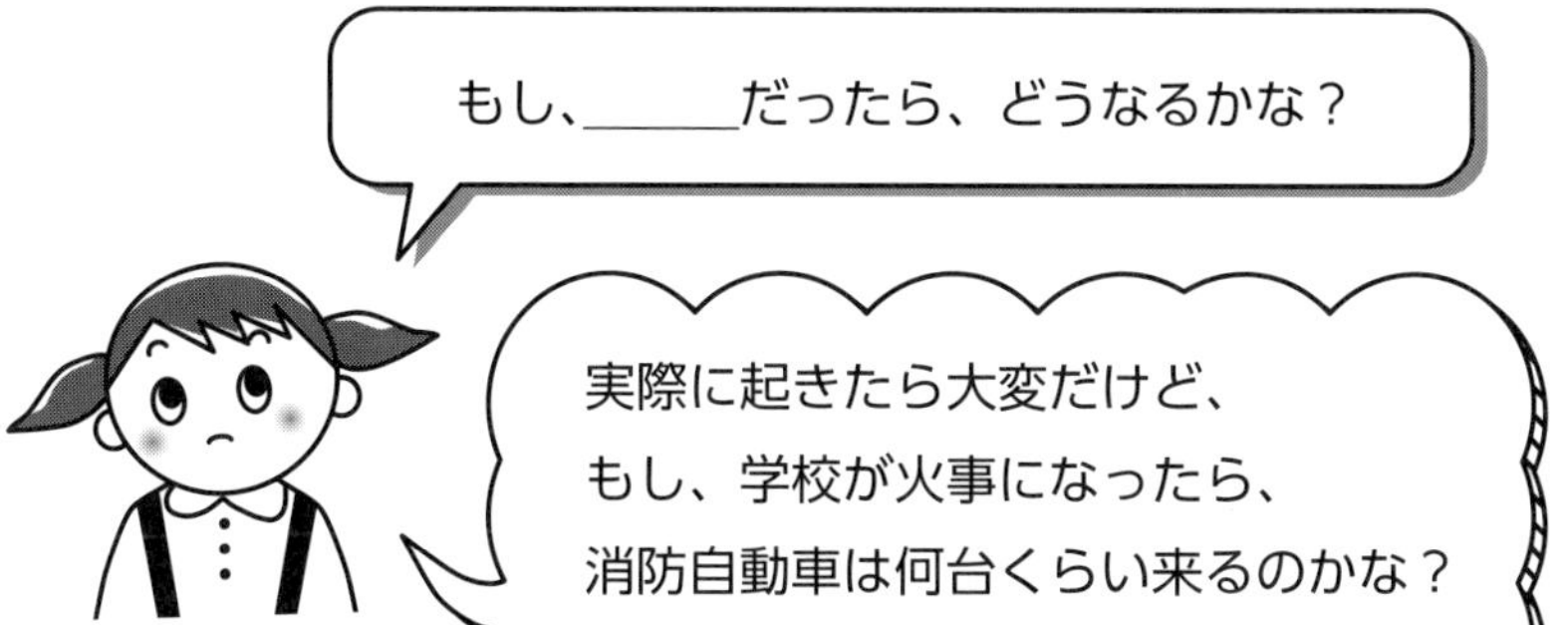
もし、＿＿＿だったら、どうなるかな？
実際に起きたら大変だけど、もし、学校が火事になったら、消防自動車は何台くらい来るのかな？どこに配置されるのかな？

コラム 「見方・考え方」に関することわざ

月とスッポン

月は空にあり、スッポンは池などにいます。どちらも丸い形をしていますが、スッポンは月の価値には及ばないという意味があります。このように、二つのものの違いが極めて大きいことをたとえているものです。ここから、両者の隔たりがありすぎて、比べものにならないことを言ったものです。

大同小異

大同とはだいたい同じであること、小異とは少しの違いのことです。細かなところは違いがありますが、全体的にはほぼ同じであることを言います。「小異を捨てて大同に就く」とは、意見に小さな違いはあっても、大勢が一致できる意見に従うことです。

諸刃（両刃）の剣

一方ではたいへん役に立つ有用なものであるが、他方では大きな危険が伴うおそれがあるもののたとえです。物事には、善悪、優劣など常に二面性があることを言ったものです。諸刃とは、刀剣などの身の両辺に刃があるものです。相手を切ろうとすると、自分を傷つけるおそれがあることから、このように言われています。

資料

各教科等に見る「見方・考え方」の解説

【国語科】「言葉による見方・考え方」を働かせるとは、対象と言葉、言葉と言葉との関係を、言葉の意味、働き、使い方等に着目して捉えたり問い直したりして、言葉への自覚を高めること

【社会科】「社会的な見方・考え方」を働かせるとは、社会的事象を、位置や空間的な広がり、時期や時間の経過、事象や人々の相互関係に着目して捉え、比較・分類したり、総合したり、地域の人々や国民の生活と関連付けたりすること

【算数科】「数学的な見方・考え方」を働かせるとは、事象を数量や図形及びそれらの関係などに着目して捉え、根拠を基に筋道を立てて考え、統合的・発展的に考えること

【理　科】「理科の見方・考え方」を働かせるとは、自然の事物・現象を、量的・関係的、質的・実体的、共通性・多様性、時間的・空間的などの科学的な視点で捉え、比較、関係付け、条件制御、多面的に考えること

【生活科】「身近な生活に関わる見方・考え方」を生かすとは、身近な人々、社会及び自然を自分との関わりで捉え、よりよい生活に向けて思いや願いを実現しようとすること
【音楽科】「音楽的な見方・考え方」を働かせるとは、音楽に対する感性を働かせ、音や音楽を、音楽を形づくっている要素とその働きの視点で捉え、自己のイメージや感情、生活や文化などと関連付けること
【図画工作科】「造形的な見方・考え方」を働かせるとは、感性や想像力を働かせ、対象や事象を、形や色などの造形的な視点で捉え、自分のイメージをもちながら意味や価値をつくりだすこと
【家庭科】「生活の営みに係る見方・考え方」を働かせるとは、家族や家庭、衣食住、消費や環境などに係る生活事象を協力・協働、健康・快適・安全、生活文化の継承・創造、持続可能な社会の構築等の視点で捉え、生涯にわたって、自立し共に生きる生活を創造できるよう、よりよい生活を営むために工夫すること
【体育科】「体育や保健の見方・考え方」を働かせるとは、運動やスポーツを、その価値や特性に着目して、楽しさや喜びとともに体力の向上に果たす役割の視点から捉え、自己の適性等に応じた「する・みる・支える・知る」の多様な関わり方と関連付けること

【外国語科】「外国語によるコミュニケーションにおける見方・考え方」を働かせるとは、外国語で表現し伝え合うため、外国語やその背景にある文化を、社会や世界、他者との関わりに着目して捉え、コミュニケーションを行う目的や場面、状況等に応じて、情報を整理しながら考えなどを形成し、再構築すること

【道徳科】自己を見つめ、物事を多面的・多角的に考え、自己の生き方についての考えを深めること

【総合的な学習の時間】「探究的な見方・考え方」を働かせるとは、各教科等における見方・考え方を総合的に働かせるということ。特定の教科等の視点だけで捉えきれない広範な事象を、多様な角度から俯瞰して捉えること

【特別活動】「集団や社会の形成者としての見方・考え方」を働かせるとは、各教科等の見方・考え方を総合的に働かせながら、自己及び集団や社会の問題を捉え、よりよい人間関係の形成、よりよい集団生活の構築や社会への参画及び自己の実現に向けた実践に結び付けること

※各教科等の『解説』から「見方・考え方」に関わる事項を引用しました。

あとがき

私ごとで恐縮ですが、この３月（平成30年）に国士舘大学を退職し、教員としての人生に一応のピリオドを打ちました。現在は、一般財団法人総合初等教育研究所参与として、また学校教育アドバイザーとして、各地での講演や執筆活動に専念しています。

先日何げなく入った小さな書店で思わず手にした文庫本があります。『道をひらく』というタイトルの随筆集です。これからの人生を考えていた筆者にとって、書名がとても魅力的でした。本書でも紹介させていただいた松下幸之助氏が著したものです。初版が１９６８年ですから、いまから半世紀も前になります。２０１８年までに２４９刷を重ねています。これまでに５３０万冊が出版されたそうですから、名著と言えるでしょう。

本書から、たくさんの心に残る言葉に出会いました。いずれも含蓄のある言葉です。言葉に力を感じます。それらのなかから思いつくままに書き写します。

『なぜ』と問いかえして、そして日一日と成長してゆく」
「志を立てれば、事はもはや半ばは達せられたといってよい」
「過ぎ去ったことは、もはやいうまい」

「ちがうことをなげくよりも、そのちがうことのなかに無限の妙技を感じたい」

「心があらたまれば、見るもの聞くものが、みな新しい」

「あわただしいこの人の世、ともすれば浮足立って、辛抱の美徳、根気の美徳が失われがちである」

「一つでも成功したかぎりは、他の九十九にも成功の可能性があるということ」

「教えることに、もっと熱意を持ちたい。そして、教えられることに、もっと謙虚でありたい」


本書に、サイドラインを引いた箇所はまだまだあります。枚挙にいとまがありません。

毎月『教育の小径』という名のリーフレットを文溪堂から発行しています。現在（平成30年8月）、118号を数えています。2014年11月の73号から「ものの見方・考え方とは何か」をテーマに連載しました。「ものの見方・考え方」は当時からいだいていた課題でもありました。人生を豊かに生きていくための「人生訓」としての「見方・考え方」を座右の銘として、これからも人間修行に努めたいと思います。

本書の執筆に当たっては、人生のパートナーとしてともに歩んできた、妻・淑恵の援助が不可欠でした。温かい環境をつくってくれたことに感謝します。

北　俊　夫

北　俊夫（きた　としお）
福井県に生まれる。
東京都公立小学校教員、東京都教育委員会指導主事、文部省（現文部科学省）初等中等教育局教科調査官、岐阜大学教授、国士舘大学教授を経て、現在、一般財団法人総合初等教育研究所参与及び学校教育アドバイザーとして、講演や執筆活動を行っている。
〔主著〕
『社会科　学習問題づくりのマネジメント』『なぜ子どもに社会科を学ばせるのか』『こんなときどうする！学級担任の危機対応マニュアル』『言語活動は授業をどう変えるか』『若い先生に伝えたい！授業づくりのヒント60』（文溪堂）、『「主体的・対話的で深い学び」を実現する社会科授業づくり』『「思考力・判断力・表現力」を鍛える新社会科の指導と評価』『“知識の構造図”を生かす問題解決的な授業づくり』（明治図書出版）、『新社会科討論の授業づくり－思考・理解が深まるテーマ100選』（学芸みらい社）など多数。
〔編著〕
『小学校社会科「新内容・新教材」指導アイデア』『小学校社会科「重点単元」授業モデル』（明治図書出版）、『平成29年改訂小学校教育課程実践講座　社会』（ぎょうせい）など。

イラスト／福﨑裕子
表紙デザイン／野澤デザインスタジオ
ページデザイン・DTP／株式会社日本プロセスセンター
編集協力／株式会社装文社

「ものの見方・考え方」とは何か
－授業力向上の処方箋－

2018年11月　第1刷発行

著　者　北　俊夫
発行者　水谷泰三
発行所　株式会社文溪堂
東京本社／東京都文京区大塚3-16-12　〒112-8635
TEL（03）5976-1311（代）
岐阜本社／岐阜県羽島市江吉良町江中7-1　〒501-6297
TEL（058）398-1111（代）
大阪支社／大阪府東大阪市今米2-7-24　〒578-0903
TEL（072）966-2111（代）

印刷・製本　サンメッセ株式会社

ISBN978-4-7999-0291-2　NDC 375　96P　210 mm × 148 mm